JN436502

범죄피해자론과 형법정책

– 어느 실정법의 안락사 –

김 일 수

세창출판사

이 도서의 국립중앙도서관 출판시도서목록(CIP)은 e-CIP 홈페이지
(http://www.nl.go.kr/ecip)에서 이용하실 수 있습니다.(CIP제어번호:
CIP2010003639)

서 문

한때 「법철학의 안락사」를 우려했던 라드브루흐(Radbruch)의 말을 뒤집어, 이 책에서 저자는 한 법률의 안락사를 정면으로 거론하고 싶었다. 전자가 법철학에 대한 소극적 안락사에 관한 우려를 암시한 것이라면, 후자는 한 실정법의 적극적 안락사를 주창한 것이다.

법률에도 생명력이 있다. 그 제정에서 폐기까지 자연적인 천수(天壽)를 다하자면 때로는 수술실로 들어가 병든 곳을 도려내는 아픔을 거듭해서 감내해야 할 때도 있을 것이다. 그래서 어떤 실정법률의 이력은 반복되는 개정절차로 인해 찬란한 병력을 어깨에 걸치기도 한다.

여기에서 그 천수를 기다릴 필요도 없이 적극적인 안락사로 그 종언을 고해야 할 실정법은 바로 교통사고처리특례법이다. 지난 세기 1980년대에 이 땅에 태어나 몇 번의 수술을 거쳐 힘든 생존을 이어가고 있는 법률이다. 저자는 이 실정법의 폐기를 논증하기 위해, 그 입법의 역사적 배경과 시대상 및 사회상을 검토하는 외에도 법경제학적, 법이론적, 형법이론학적, 형벌이론적 논의의 틀을 사용하였다.

그러나 무엇보다 중요한 논점은 범죄피해자학적 관점이었다. 피해자의 시각에서 범죄와 처벌을 새롭게 들여다보고, 범죄와 처벌 사이에 합리적인 균형이 깨어질 때 폭발할 피해자 법감정의 소리 없는 아우성을 심도 있게 담론의 장으로 끌어들였다.

교통사고처리특례법의 존폐론은 특히 오늘날 인구에 회자되는 공정사회라는 미래지평과 법률이 어떻게 기능적으로 맞닿아 있으며, 또한 그 법률이 현재의 지평에서 왜 생성, 유지 또는 폐기되어야 할 것인지에 관한 평가와 결정의 준거점을 제시한다. 한 사회가 그 역사의 희망찬 순간에 보다 더 나은 미래 —예컨대 자유롭고 평등한 사회, 평화롭고 공정한 사회—를 기획한다면, 사회는 국가로 하여금 법을 수단으로 하여 헌법적 위임하에서 사회적 관계를 변경하고 새롭게 형성하도록 요청한다. 이러한 상황에서는 한 실정법의 폐기조차도 올바른 사회적 관계의 새로운 질서형성을 위해 요청될 수 있다. 요컨대 실정법의 끊임없는 수정뿐만 아니라 때로는 그 폐지가 헌법적 위임하에서 법질서의 지속적인 진화과정일 수 있다는 것이다.

아직 생명을 지닌 한 실정법에 연명장치를 설치할 것인가 아니면 안락사시킬 것인가는 실로 법정책의 중요한 과제에 속한다. 그 대상이 실정형법이라면 그것은 두말 할 것도 없이 형법정책의 문제이다.

일찍이 법정책론을 법철학의 한 분과로 끌어들였던 마이호퍼(Maihofer) 교수가 말했듯이 법치국가에서 모든 법의 목적합리적 정당화를 위한 올바른 법정책의 원칙은 「한 개인의 법익을 최소한으로 침해하면서 타인의 법익을 최대한으로 보호한다」는 것이었다. 불필요하고 과도한 법률은 자유의 적일 뿐만 아니라 궁극적으로는 인간의 존엄에 기초한 자유롭고 평등한 법질서, 평화공존의 사회질서에도 반하는 것이다.

법치국가에서 올바른 형법정책의 원리도 리스트(v. Liszt)의 근대학파에 의해 완성된 형법사상의 영향하에서 형법을 시민의 마그나카르타(Magna Carta), 범죄인의 자유의 마그나카르타로 하여, 형벌의 강조점을 범죄인의 재사회화 목적에 두는 것이었다. 그리하여 「의심스러울 때는 자유에 유리하게(in dubio pro libertate)」, 「최소한의 자유를 침해하면서 최대한으로 자유를 보장한다」는 원칙에 따라 형법의 보호기능과 보장기능 그리고 형성기능을 실현해야만 한다는 것이었다.

저자가 이 책에서 초점을 맞춘 것은 이와 같은 사상은 이미 오늘날 형법의 전통사상 내지 전설이 되었다는 점과 그러한 전통사상은 범죄피해자론이라는 새로운 시각에 따라 진보해 나가야만 한다는 점이다. 범죄피해자론에 의한 형법정책의 수정이 필요하다는 관점이다. 형법의 전설은 국가형벌권과 범죄인의 쌍방대화로만 엮어져 왔지만, 범죄피해자론의 가세로 이제 그 전설의 구도는 국가형벌권과 범죄인 그리고 범죄피해자의 노변정담(爐邊情談)으로 새롭게 변화되어야 하기 때문이다.

이 책의 출간을 맡아 힘써준 세창출판사 이방원 사장과 임길남 상무께 감사드린다. 원고정리와 교정 그리고 색인작업에 수고를 아끼지 않은 연구실의 김진 군과 고비환 법학석사에게도 고마운 뜻을 전한다.

2010년 10월

고려대학교 법학전문대학원 연구실에서

김 일 수

▌차　　례▌

범죄피해자론과 형법정책

— 어느 실정법의 안락사 —

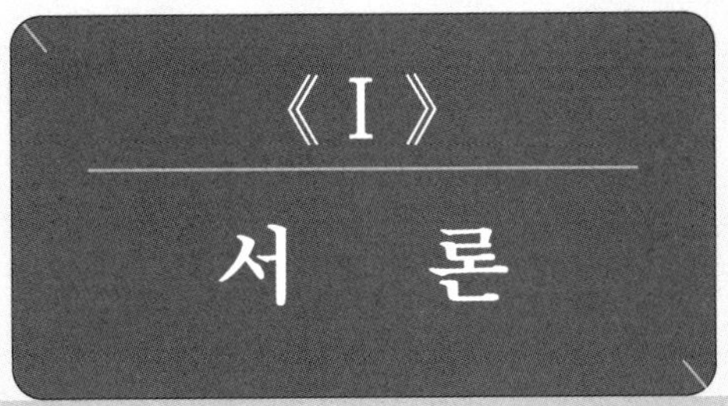

2009. 2. 26. 헌법재판소 전원재판부는 관여 재판관 7(일부인용) 대 2(기각)의 의견으로 교통사고처리특례법(이하 '교특법') (2003. 5. 29. 법률 제6891호 개정법률) 일부위헌결정을 내렸다. 그때까지 교특법 제4조 제1항 본문 중 업무상 과실 또는 중대한 과실로 인한 교통사고로 피해자가 중상해에 이르게 된 때에도 가해차량이 종합보험 등에 가입되어 있는 경우에는 공소제기를 할 수 없었다. 바로 이 규정이 피해자의 재판절차진술권 및 중상해자와 사망자 사이의 평등권을 침해한다는 이유로 위헌임을 결정했다.[1] 이로써 1989. 12. 12. 선고된 89헌가103호 결정 이후 1997.1.16. 90헌마110호 결정에 이르기까지 교특법에 태생적으로 내재해 있던 일련의 위헌시비를 잠재우고 그 건재성을 과시해 왔던 교특법의 불패신화는 깨어지기 시작했다.

우선 교특법의 일부개정이 지체할 수 없는 시급한 과제가 되었다. 이에 따라 교통사고 피해자가 신체의 상해로 인하여

1) 2005헌마764, 2008헌마118 병합.

생명에 대한 위험발생에 이르거나 불구 또는 불치나 난치의 질병에 이르게 된 경우에는 검사가 공소를 제기할 수 있도록 교특법 제4조 제1항 제2호가 신설되었다.[2] 이 개정법률에는 그 밖에도 몇 가지 주요 개정내용들이 들어 있다. 즉, 교특법 제3조 제2항 단서의 특례규정에 차의 운전자가 업무상 과실치사상죄 또는 중과실치상죄를 범하고 도로교통법 제44조 제2항을 위반하여 음주측정 요구에 불응하는 경우에는 검사가 공소를 제기할 수 있도록 한 점, 영업주가 종업원 등에 대한 관리·감독상 주의의무를 다한 경우에는 처벌을 면하게 함으로써 양벌규정에도 책임원칙이 관철되도록 한 점(교특법 제6조) 등이다.

그러나 교특법상 아직도 광범위한 공소권 봉쇄조치는 이로써 결코 해결된 것이 아니다. 아직도 많은 교통사고 피해자들의 상처받은 법감정(Rechtsgefühl)과 정의감정(Gerechtigkeitsempfinden)은 이 같은 중상해규정 도입 하나만으로써 해소될 성질의 것이 아니다. 이번 헌재의 위헌결정과 그에 따른 교특법 일부 개정에도 불구하고 여전히 남아 있는 문제점들로는 우선 다음과 같은 것이 지적될 수 있다.

첫째, 중상해에 준하는 피해자들의 재판절차진술권 제한과 그들이 중상해자와 차별적으로 취급되어야 하는 점에 대한 평등권 침해여부[3]

둘째, 일반과실범과 달리 도로교통사범에 관해서만 특례를 인정함으로써 양자 사이의 차별대우로 인한 평등권 침해여부

---

2) 2010. 1. 25. 공포·시행된 교특법 일부 개정법률(법률 제9941호).

3) 인기연예인의 안면골절상, 유명 피아니스트의 손가락 절단상, 축구스타플레이어의 발가락 절단상 등이 여기에서 문제될 수 있을 것이다.

셋째, 교통범죄 가해자들에 대한 형사절차상의 특혜와 피해자들에 대한 기본권보호의무의 부실이 헌법상 과소금지원칙에 위반되지 않았는지의 여부

넷째, 교통범죄를 교통사고화하여 소추완화조치를 취함으로써 운전자들의 인명경시·안전불감 운전을 유발하는 역기능을 조장하고 있지 않은지의 여부

다섯째, 형사절차와 형벌집행을 통해 교통안전질서를 확보하게 해야 할 형법의 적극적 일반예방목적을 이 특례법의 목적으로써 희석화하고 있지 않은지의 여부

여섯째, 보험 또는 공제조합 가입운전자의 가해자로서의 사회복귀 관점만 우선시하고 교통범죄의 트라우마(Trauma)에 시달리는 피해자의 재사회화 관점을 소홀히 함으로써, 피해자들이 피해전가적 범죄유발 충동에 방임되어 있는지의 여부

일곱째, 향후 중상해의 기준을 둘러싼 법정논쟁과 추가적 헌법소원의 속출가능성 여부 등.

교특법의 등장이 생태적으로 갖고 있는 근원적인 문제점은 어디에 있는 것일까? 교특법의 등장으로 종래 사회통념화되었던 교통안전을 위한 금지규범 형태의 질서 틀이 혁명적으로 뒤바뀌어 버렸다는 것이다. 이 법에서 금지규범 위반에 대한 국가의 형사소추기능을 과도하게 축소·제한함으로써 사회심리학적으로 운전자들의 부주의운전을 유발하는 역기능을 초래했다. 그 결과 교특법은 도로교통참여자의 일탈행동을 부추기는 자유방임적 법규범이라는 인상을 심어주었다. 그 일례로 한국사회에서 음주운전과 같은 위험운전의 일상화는 무사고(無事故)에 대한 시민들의 낙관론 내지 낙천주의의 소산이라기보다 교특법과 같은 특례법이 교통규범 전체의 신호체계를 교란시킨 결과

때문으로 보인다.

지난 세기 80년대 이후 형사정책의 세계적 추세는 때로는 반동적 조류에 휩싸이긴 했지만, 대체로 자유형의 점진적 폐지, 대체형의 투입, 형벌집행의 완화라는 주류를 형성해 왔다. 이는 고의범보다 과실범의 증가추세가 두드러졌고, 과실범통제에서 주의의무의 제고는 단순히 자유형집행만으로는 부족하고, 교통안전정책을 포함한 각종 사회정책, 교육정책 등이 우선 투입되어야 한다는 사실이 전제된 때문이라고 할 수 있다. 그럼에도 불구하고 인간의 생명 및 건강과 직결된 보호법익과 관련해서는 최후수단으로서의 형법적 규범통제가 결할 수 없는 요체라는 점에 이의가 있을 수 없다. 형법과 도로교통법상의 생명·신체 보호 규범체계하에서 교특법의 소추권완화 내지 소추봉쇄조치는 핵심형법의 공동화(空洞化)를 초래하는 이례적 조치라고 말할 수 있다. 이러한 조치의 장기화는 사회심리학적으로 죄와 벌, 법과 불법의 한계 모호화 그리고 도로교통영역에서 진압도구로서의 형법의 무용화, 규범의 호소력과 집행력 위축 등의 결과를 낳았다.

교특법은 제정시 입법자들이 표명했던 입법취지에서도 엿볼 수 있듯이 경제논리와 효용논리 등 산업화와 개발독재시대의 권위주의적 법관념의 잔재를 안고 있다. 결국 교특법은 오늘날의 법정책적 관점에서 보면 논란의 여지가 많은 구시대적 관점에서 애당초 편향되게 입법방향이 설정되었을 뿐만 아니라, 제정시 입법자가 명분으로 내세운 목적에도 불구하고, 독재권력의 인기영합적 목적, 자동차산업 활성화와 보험업의 정착이라는 산업화논리 등이 복합된 모자이크적 입법양태임을 엿볼 수 있다. 이 같이 산만한 모자이크입법은 사회통합적인 입법정책(立法政策)의 산물이 아니라 단지 그때그때의 입법정치(立法政治)의 산물일 뿐이다.

여기에서는 단편적인 이슈파이팅에 몰두한 나머지, 입법정책에서 필수적인 법질서 전체와의 체계적인 맥락과 균형성이 실종되었다. 파편화된 모자이크입법에서 나타나는 공통적인 특징은 당해 법률과 상위법 또는 일반법질서와의 통합성이 깨어질 뿐만 아니라 당해 법률 내에서도 신호체계의 흐름을 교란시키는 산발성과 모순성이 나타난다는 점이다. 더 나아가 폭발적인 법률개체수의 증가 내지 임시방편적인 법률땜질작업의 빈도수 증가에도 불구하고 법률의 규범호소력과 그 내면화를 통한 규범안정성은 점점 약화된다는 사실이다. 거기에는 필연적으로 법률의 집행결손, 사회의식과 행태에 의한 법규범의 효력침식 등의 부작용이 누적되게 마련이다. 그 결과 법규범전반에 대한 사회적 신뢰를 저하시키는 위험이 없지 않다.

우선 형사정책적 관점에서 다음과 같은 문제점이 드러난다. 일반형법상 규율된 구성요건상의 금지규범을 특별법을 통해 예외적으로 허용하거나 면책시키는 조치를 과도하게 취할 때, 규범누수를 증폭시켜 형법상 금지규범을 형해화시키고 예외적인 허용의 문틈을 통해 당해 금지규범위반범죄가 봇물처럼 증대될 수 있다는 점이다.[4] 하물며 공소권봉쇄를 통해 형법적 사회통제의 팔을 아예 거두어들일 때, 형법상 금지규범은 식물규범화하고, 그 결과 규범논리의 혼동과 법적 신호체계의 교란으로 적극적 일반예방효과가 쇠잔해질 수밖에 없다. 그리하여

4) 우리나라에서 모자보건법상 낙태허용사유가 형법상 낙태금지규범을 상징적인 의미로 탈색시키고 광범위한 낙태조장의 길을 열어준 실례가 된다.

사회통제의 일부분으로서 범죄통제를 통한 법질서의 안정이 위기에 처할 수밖에 없다. 이와 같은 규범체계의 혼돈과 그로 인한 법의식의 약화, 법적 안정성의 교란 등은 교통형법분야에서 행위규범준수를 약화시키고, 교통범죄의 증가를 초래할 수밖에 없다.[5)]

이 같은 위험을 예방하려면 단기적으로는 경찰력에 의한 집중단속과 과도한 공권력투입에 의존할 수밖에 없지만 합리적인 형사정책의 관점에서 보면, 그것도 미봉책에 지나지 않는다. 규범이완과 규범침식이 장기화하면 법공동체 내에서 규범공백상태와 같은 사막화가 법공동체 구성원들의 법의식의 푸른 숲을 조금씩 잠식해 들어간다. 그러므로 장기적으로는 모자이크화된 법규범을 체계적으로 통일하여 행위규범의 호소하는 목소리를 분명하게 해야 할 필요가 있다. 그와 더불어 사회통합적 일반예방기능이 제대로 작동되게 해야 한다. 그러려면 법규범과 법현실 사이의 괴리를 좁히는 입법개혁작업을 통해 법이 현실에 기반을 둔 실효성 있는 사회통제장치, 즉 살아 있는 법이 되도록 해야 한다.[6)]

입법론적 관점에서 볼 때, 교특법은 한시법과 같은 명시적인 실험적 형사입법은 아니지만, 자동차산업이 본궤도에 진입하고 보험업이 일반인들에게 보편화되는 수준을 암묵적인 목표

---

5) 국내 자동차산업이 본궤도에 오르고 승용차 100만대 시대에 접어들면서 교통범죄로 인한 사상률이 다년간 세계 제1위를 기록했던 점은 바로 교특법과 같은 특별법의 등장으로 교란된 교통형법규범의 신호체계가 일반인의 법의식 속에 각인시켜준 잘못된 학습효과 때문이다.

6) 성폭력범죄 관련 형사입법에 나타난 이와 동일한 문제점에 관한 상세한 연구로는 김일수, 「성폭력범죄－체계적 자리매김과 형사정책적 과제」, 보호관찰 제8권(2008), 18면 이하 참조.

로 설정한 잠정적인 실험적 형사입법의 성격이 짙다. 교특법 시행 이전까지는 자가운전은 부유한 소수계층의 전유물이었고, 게다가 4주 이상 상해의 교통사고만 내어도 구속기소되는 것이 형사실무의 일반적 경향이었다. 이처럼 당시 교통사고에 대하여는 형사법적으로 특히 엄격하게 대응했기 때문에 일반시민들은 운전자로서 도로교통에 참여하기를 두려워하지 않을 수 없었다. 이러한 상황 하에서 교특법은 주저하는 일반인들을 안도시켜 도로교통으로 유인하려 했던 일종의 정략적인 특별조치법(Sondermaßnahmengesetz)이었던 셈이다.[7] 입법자는 그래서 이 법을 특례법이라 지칭했던 것이다.

형사입법에서 비범죄화에 관한 법률실험의 길은 법치국가적으로 그다지 크게 문제될 소지가 없다. 그러나 기본권제한과 타인의 법익침해를 야기하는 실험적 형사입법은 이른바 과소금지원칙(Untermassverbotsprinzip)이 말해주듯 입법자에게 자유롭게 허용될 수 있는 성질의 것이 아니다.[8] 왜냐하면 오늘날의 형사사법에서 그 중요한 한 축을 형성하는 피해자의 관점을 고려할 때, 그와 같은 실험적 형벌법규는 피해자의 희생과 가해자의 이익 사이의 불균형으로 귀결되기 때문이다. 특히 피해자의 법익이 헌법질서에서 도출된 법익 피라미드 내에서 매우 높게 평가되는 상위의 법익, 즉 생명·신체적 건강 등일 때, 국가는 그에 대한 형법적인 보호를 임의적으로 포기하거나 방임해서는 안 되며, 입법자도 이를 자의적으로 취급하거나 합목적적 비례

7) 조치법의 성격에 관하여는 Dagtoglou, Ersatzpflicht des Staates bei legislativem Unrecht?, 1963, S.39, 45, 65 참조.

8) 이에 관한 논의로는 이진국, 「형사입법자의 형벌법규제정권한의 한계에 관한 연구」, 한국형사정책연구원, 2003-11, 160면 이하 참조.

관계에서 벗어나는 조치를 취해서는 안 된다.

이론적인 측면에서 교특법은 또한 일종의 상징적 형사입법의 성격을 띤다. 일반적으로 상징적 형법이란 규범의 잠재기능이 명시적인 선언기능보다 압도적인 우위에 있는 형법을 말한다. 특히 입법자가 대중영합적인 의도로 법률을 만들 때 이러한 범주에 들기 쉽다. 위에서 언급한 바 있는 교특법에 선언된 명시적인 입법취지와 달리 입법자의 숨겨진 본래 의도는 당시 구속기소를 원칙으로 했던 엄정한 형사사법운용을 형사정책적으로 합리화하도록 유도하는 것이 아니었다. 도리어 특례법에 의해 아예 공소권을 제한하거나 봉쇄시키는 조치를 드라마틱하게 내어 놓음으로써 5공정권 출범부터 태생적으로 안고 있던 정권의 도덕적 취약성을 법적 포퓰리즘(legal populism)을 통해서 만회하려 했던 정황을 엿볼 수 있다.

더더욱 삼청교육대와 청송감호소로 상징되는 5공의 강벌주의 기조와 궤를 같이하던 강압적 정치입법 일변도에서 벗어나 산업화 요구도 충족시키며 형사제재완화조치를 통한 선심성 입법의도를 읽을 수 있기 때문이다. 박정희 정권시대의 「폭력행위 등 처벌에 관한 법률」이나 특정범죄가중처벌법 그리고 전두환 정권시대의 특정경제범죄가중처벌법 등은 정치깡패 일소, 뺑소니운전자 처벌, 장영자 어음사기사건 등 당대의 문제상황에 대해 들끓는 여론을 무마하고 정부가 뭔가 국민을 위한 정책형성을 꾀하고 있다는 점을 보여줄 의도로 급조된 여론대응용 특별형사입법으로서 일종의 강벌적 상징입법이었다면, 교특법은 잠재적 사고운전자들의 불안감을 진정시켜서 안심하고 도로교통참여로 나오도록 유도하는 유화적 상징입법의 예라고 할 수 있을 것이다.[9]

문제는 그것이 강벌적(hard)이건 유화적(soft)이건 책임귀속의 곤란성을 초래함으로써 일반형법상 책임과 형벌의 귀속관계와 그로 인한 사회윤리적 비난성의 무게가 실효성을 잃게 되어, 핵심형법(Kernstrafrecht)의 해당영역을 종이형법(Scheinstrafrecht)으로 변질시킨다는 점이다.[10] 이들 상징적 특별법이 표방한 입법취지는 이들 법률제정 및 개정의 진정한 목적이 아니었고, 오히려 정치적·정략적 목적과 여론무마용 또는 대중영합적 성격이 그 배후에 은폐되어 있었다. 따라서 이러한 상징입법은 법이 본래 갖고 있어야 할 시민의 실천적 삶의 정향(定向)을 위한 신호(Signal)로서의 의미를 잃어버리게 되고, 그 결과 법률이 갖고 있어야 할 결정규범(lex imperans)과 평가규범(lex indicans)으로서의 의미와 기능도 잃어버리게 된다는 점이다.

이와 같은 문제점을 염두에 둔다면 최근 교특법의 일부개정과 같은 미봉책으로써 이 법률이 갖고 있는 태생적인 한계를 극복할 수 있을지 의문이다. 이와 같은 문제점들을 해소하기 위해서는 오히려 근원적인 해결책을 찾아야 할 때이다. 교특법 시행 30년이 가까워 온 이 시점에서 이 연구는 바로 그 근원적인 해결책에 대한 다각적인 방안모색에 초점을 맞추려는 것이다.

긴 여정을 앞에 두고 교특법과 관련된 필자의 두 가지 개인적인 체험을[11] 덧붙이는 것으로 서론을 마무리하고자 한다.

---

9) 물론 우리나라 형사특별법에서 강벌적 상징입법의 예가 압도적 우위를 차지하는 반면 유화적 상징입법의 실례는 교특법과 모자보건법 등으로 그 예가 미미한 실정이다.

10) 이진국, 앞의 글, 46면 이하.

11) 김일수, 「교통사고처리특례법 제4조 등의 위헌여부」, 형법연습, 1997, 451면 이하.

〈첫 번째 체험〉

대한의협에서 수년 전부터 교통사고처리특례법을 모델로 한 의료사고처리특례입법을 추진 중에 있었다. 이에 따라 대한변협과 대한의협의 공동세미나에서 가칭 의료사고처리특례법에 관한 토론이 있었다. 저자는 토론자로 나서서 의료사고이건 교통사고이건 일반형법상 과실사상의 죄 범위 안에서 완화된 형벌에 의한 합리적인 형법정책에 의해 다루어져야지, 교통사고처리특례법 제4조와 같은 특례는 난폭운전·부주의운전을 조장할 위험과 결과적으로 교통분야에서 인명경시풍조를 부추길 위험을 갖는 나쁜 법이라는 이유로 그것을 모델로 삼으려는 의료사고처리특례법의 입법을 반대하였다. 그 세미나장소에 의료사고 환자단체 회원들이 몰려와 인명을 너무 소홀하게 취급하는 의료종사자들에 의해 입은 자신들의 억울한 피해를 일반국민에게 확산시키는 그와 같은 종류의 악법을 제정해서는 안 된다고 항의하는 것을 목격했다. 이후 의료사고처리특례법은 추진되지 않았다.

〈두 번째 체험〉

수년 전 어느 날 자정이 가까운 시각에 서울 강남에서 택시를 타고 압구정동을 지나 성수대교 쪽으로 향하고 있을 때의 일이었다. 4차선 대로였지만 폭주족을 흉내낸 젊은이들이 오토바이를 타고 택시와 승용차 사이를 이리저리 누비면서 달리고 있었다. 나를 태운 택시운전기사는 이 젊은이들의 행동에 격분해 택시를 몰아 그들을 쫓는 것이었다. 택시로 밀어붙이겠다는 말과 함께 교차로 신호대기

중 폭주하던 젊은이들이 우회차도로 빠져나가자 이 택시기사는 우회전 대기 중인 다른 택시기사에게 큰소리로 "저놈들 따라가 박아버리라. 보험처리하면 돼"라고 외쳐댔다. 그의 마지막 한 마디가 법률가인 나에게는 충격을 주는 말이었다. 비록 미운 젊은이들이지만 신체에 상해를 입힘으로써 분풀이를 하고 단지 보험 상의 불이익 정도만 입는 것으로 생각하고 있는 택시기사의 뇌리에는 틀림없이 교통사고처리특례법 제4조에 의해 오도된 상식이 입력되어 있는 듯해 보였다.

이 두 사례는 그 후 강렬하게 나의 법의식을 사로잡았다. 보호할 더 높은 가치 있는 것들이 우선적으로 존중될 수 있도록 법률은 일반시민의 의식을 향도할 수 있을 때 좋은 법이다. 반면 우선적으로 존중해야 할 가치를 희생시키는 법률은 나쁜 법이다. 특례법 중에서 정치적·현실적인 편의성만 고려해서 이런 과오를 범한 법조문이 많이 눈에 띈다. 교통사고처리특례법 제4조도 그런 잘못을 저지른 대표적인 케이스 중 하나로 사료된다.

《II》

교특법의 문제와 현실

1. 문제의 제기

교통형법의 체계에서 법질서의 통일성(Einheit der Rechtsordnung)은 다른 형법분야보다 훨씬 중요한 의미를 지닌다. 또한 과실범 및 교통범죄에서 일반예방목적에 의한 사회통제관점은 형사입법에서뿐만 아니라 형법의 집행에서도 특별예방보다 훨씬 중요한 의미를 지닌다.[1] 교통형법 내지 교통범죄에서 법률은 일반인의 의식과 행동에 그만큼 민감하게 작용하는 사회학습적 효과가 큰 것이기 때문이다.

도로교통 분야가 일반적인 사회질서나 사회적 관행과 달리 왜 복잡하리만큼 많은 법적 규율에 의존하는지는 자동차산업의 등장과 함께 길거리교통의 빈번과 복잡성, 신속성과 안전 등 갈등하는 이익이 상호 충돌할 수 있는 복합적인 생활영역이 되었기 때문이다. 법은 이 복잡성을 단순화시켜 줌으로써 사회적

1) G. Kaiser, Verkehrsdelinquenz und Generalprävention, 1970, S.339ff.

소통을 원활하게 하고, 또한 사회체제를 안정시켜주는 역할을 한다. 그러나 실제 법체계 자체가 복잡하게 꼬여 질서의 흐름을 왜곡시킬 위험은 현대의 법생활에서 법의 도구적 성격을 너무 신뢰한 나머지 법률의 범람사태가 빈발하면서 점차 높아지고 있다. 실제로 잘못된 법관념이 사회를 더욱 황폐하게 하고, 사람들이 서로 갈등을 풀고 함께 평화를 회복하여 가는 경로로서의 법이 아니라, 법이 일방적인 편들기나 지배이데올로기의 도구로서 작동하는 경우도 많다.[2)]

법은 필연적으로 그래야만 하는 것은 아니지만, 정형화(定型化)된, 즉 실정화된 규율이다. 바로 이 점에서 법은 관습이나 관행, 풍속이나 도덕과 같은 비공식적인 사회적 규율과 다르다. 또한 법은 목적의 관점에서 보면 자유와 권리 또는 의무질서이지만, 그 목적실현을 보장하는 수단의 측면에서 보면 강제이다. 강제의 요소는 법에 있어서 자유의 직접적인 이면이기도 하다. 법에 수반하는 이러한 강제를 헤겔(Hegel)은 자유의 부정의 부정(Negation der Negation der Freiheit)이라고 말한 바 있다. 하지만 이 강제성 또한 법규범을 다른 문화규범과 구별지을 수 있는 특징적 요소 중 하나이다.

법에는 실제로 의무(결정규범)뿐만 아니라 권리(허용규범)도 있다. 그런데 모든 의무 또는 권리가 법적으로 강제되는 것은 아니다. 정당방위에서 권리는 그 권리실현을 강제하는 권한을 갖고 있지 않다. 의무이행에서보다 권리실현에 있어서 그 권리향유자에게 원칙적으로 자유의 재량이 주어진다. 따라서 법의 강제성은 권리측면이 아닌 의무측면과 직접 연계된다. 그러나

2) 버만(김철 역), 종교와 제도, 1992, 36면.

강제가 가능한 의무의 영역도 엄밀히 말하자면 칸트(Kant)가 일찍이 말한 바 엄격의무(Strenge Pflichten)에 한한다. 이 엄격한 의무는 단순한 윤리적 의무가 아니라 외부에서 요구할 수 있는 의무를 말한다.

엄격의무에 한해서 필요한 경우 외부적으로 강제를 통한 관철이 가능하기 때문에 법개념에서 강제가능성요소는 바로 이 영역에 속한다. 특히 그 강제성요소가 강하게 드러나는 부문이 사회적 불법이며, 이에는 사법적 불법행위나 공법적 불법행위는 말할 것도 없고, 널리 형법상 일반적인 범죄행위들은 다같이 엄격의무 위반으로서 형법적 강제수단인 형사제재하에 놓인다. 주의의무 위반인 과실행위도 법률에 특별한 규정이 있을 때, 이 같은 엄격의무 위반범주에 속하며, 형사적 제재에 의해 원칙적으로 통제되어야 한다.

이처럼 법은 통상적으로 국가의 강제기관을 통한 조직화된 법적 제재작용과 결합되어 있다. 비록 강제는 법 전반에 필연적으로 결합된 그 무엇은 아닐지라도 사회윤리적으로 중요한 의미를 지닌 불법행위와 연관된 법분야에 통상적으로 결합된 그 무엇이다. 강제는 제재규범을 특징짓는 형식적 요소이지만, 특별히 전형적으로 법을 법답게 인상짓는 그 무엇이다.

원래 규범에는 관습규범·종교규범·윤리규범·법규범이 있을 수 있고, 단순히 당위만을 요청하느냐 강제수단을 동원하느냐에 따라 행위규범과 강제규범으로 분류되기도 한다.[3] 법규범은 국가권력을 배경으로 하고 강제에 의해 그 실현을 보장한다는 점에서 행위규범과 강제규범의 복합체이다.

---

3) 김일수·서보학, 형법총론(제11판), 33면 참고.

형법은 범죄라는 역사적·사회적·경험적 실재를 규율대상으로 삼는다. 실질적 의미에서 범죄란 사회에 유해한 법익위해행위이다. 형법의 임무가 보충적인 법익보호인 만큼 형법규범도 궁극적으로는 범죄통제를 통하여 법익보호에 이바지한다. 법익보호를 위해 형법은 먼저 일반인에게 당위적인 금지 또는 명령을 내리는 행위규범을 제시한다. 그리고 만약 일반인들이 이 행위규범의 요구를 무시할 때, 일정한 형벌 또는 보안처분을 과하는 제재규범까지 제시한다.

형법의 법률요건(구성요건)은 바로 행위규범의 호소하는 목소리를 담은 그릇이고, 형법의 법률효과(형벌 또는 보안처분)는 바로 제재규범의 경고하는 목소리를 담은 그릇이다. 행위규범은 금지·명령을 통해 일반인을 바른 길로 인도하고, 제재규범은 형벌 또는 보안처분을 통해 행위규범준수를 실효성 있게 만든다.[4] 그러므로 형법규범 중 가장 중요한 의의를 지닌 부분은 바로 행위규범과 제재규범이다.

범죄이론학적으로 구성요건은 금지 또는 명령규범을 가지고 불법의 본질적 핵심이 바로 행위규범 위반에 있음을 확인시켜 준다. 위법성조각사유는 구성요건해당행위에 의해 표출된 금지 또는 명령규범위반을 허용규범의 관점에서 예외적으로 정당화시켜 준다. 구성요건해당행위가 정당화되어 위법하지 않은 경우에는 금지규범위반행위가 허용규범에 의해 상쇄된 경우이다.

범죄체계론적으로 불법구성요건은 다음과 같은 기능을 갖는다[5] :

---

4) Freund, AT, 1998, §1 Rn. 5ff.

5) 김일수, 한국형법 I , 271면 이하.

— 불법구성요건은 법질서 전체의 관점에서 위법한 행위 가운데 형법상 중요한 불법인 당벌적 불법을 선별하는 기능을 갖는다(선별기능). 이 같은 선별기능을 수행하기 위한 전제로서, 불법구성요건은 개별 범죄유형에 따라 고유한 불법내용이 명확히 구별될 수 있을 정도로 개별적으로 기술되어 있어야 한다(범죄개별화 기능).
— 불법구성요건은 일반인들이 어떤 행동양식이 법에 의해 금지되어 있는가를 알려주고 이에 위반한 때에는 일정한 형벌을 과할 것을 예고함으로써 그러한 행동으로 나아가지 않도록 올바른 의사방향을 이끄는 기능을 갖는다(정향기능). 이 같은 정향기능을 잘 수행하기 위해서 당벌적인 불법유형과 그 위반에 대한 제재는 사전에 법률로 명확하게 정해져 있어야 한다(보장적 기능).
— 일정한 행위가 불법구성요건에 해당하면 그 행위는 일응 위법한 것으로 추정된다(불법구성요건의 위법성징표 기능). 물론 위법성에 대한 평가에서 정당화사유가 존재하면, 이러한 위법성의 추정은 깨지고 만다.

이상에서 살펴본 범규범론의 관점을 교특법에 비추어 보면, 교특법은 다음과 같은 몇 가지 문제점을 안고 있는 것으로 보인다:

첫째, 규범체계의 모순성이다. 형법의 주요한 과제는 반사회적 불법행위에 대한 형벌위하와 형벌부과 그리고 집행을 통하여 법규범의 침해할 수 없는 효력을 담보하는 것이다.[6] 루만

6) Jakobs, Zur gegenwärtigen Straftheorie, in: Kodalle (Hrsg.), Strafe muss sein! Muss Strafe sein?, 1998, S.39.

(Luhmann)의 체계이론적 관점에서 보면, 형벌은 사회체계의 존속·유지에 불가결한 규범적 실재성이다.[7] 시민들의 규범에 대한 신뢰와 법에 충실한 심정태도는 국가의 공적 형벌을 통한 규범의 확증에서 큰 영향을 받는다. 범죄를 범죄되게 하는 것이야말로 형벌의 본질적 개념요소 중 하나이다.[8] 규범적 관점에서 보면 범죄자는 법규범을 위해한 것이요, 형벌은 상처받은 그 법규범의 효력을 다시 추슬러 세우는 작업이다. 범죄란 바로 이 규범의 효력을 손상시킨 것이다. 그러므로 형법의 기능으로서 일반예방도 이 같은 규범효력의 손상을 회복시킴으로써 공동사회에서 시민들의 규범의식의 성실성을 유지하는 데 목적이 있다.[9]

이러한 규범논리의 관점에서 볼 때, 교특법상 종합보험가입자의 교통범죄에 대한 공소권제한은 형법상 규범체계의 모순을 나타낸다. 자동차보험이라는 사법상의 제도를 통하여 형사사법 정의실현을 절차적으로 제한하는 것은 친고죄나 반의사불벌죄와는 다른 차원에 있는 지평의 혼동(confusion of horizon)에 속하기 때문이다. 공적 소추권의 실현을 이해당사자의 의사에 의존시키는 것은 개인적 법익의 보호영역에서는 일종의 사인소추(私人訴追)의 정신을 가미한 것으로서 그 한에서 공적 소추의 경직성을 완화시킬 수 있는 특징이 있다.

하지만 보험제도에 의한 공소권의 원칙적 봉쇄조치는 형사

---

7) Luhmann, Funktionale Methode und Systemtheorie, Soziale Welt 15 (1964), S.1-25; ders., Soziologie als Theorie sozialer Systeme, 1967, S.615-644; ders., Rechtssoziologie Ⅰ, 1972, S.132ff.

8) Jakobs, Ebd., S.39f.

9) Jakobs, Staatliche Strafe: Bedeutung und Zweck, 2004, S.31.

법의 사법화(私法化)를 낳고, 형법에서 죄와 벌의 규범론적 본지를 사적 영역으로 끌어내림으로써, 사회윤리적·공적 책임비난을 사법적 차원의 중립적인 책임(Haftung)으로 변질시킬 위험이 있다. 그 결과 형사적 불법과 민사적 불법, 형사책임과 민사책임, 형벌과 민사제재 사이에 있는 규범론적인 차이가 무너져 내려, 범죄를 범죄되게 하는 일과 형벌을 형벌답게 하는 일에 혼선이 초래되지 않을 수 없다.

둘째, 법규범의 정향성 모호와 그로 인한 신호체계의 혼란이다. 앞에서 언급한 바와 같은 결과로 규범의 정향성이 모호해지면, 필연적으로 법질서에 있어서 신호체계의 교란이 생긴다. 일반이성의 통상적인 판단에 따를 때 법도 인간의 감각적인 감지의 대상처럼 인간의 실천적 삶의 정향과 밀접한 관계가 있는 도구들과 비슷한 속성을 지닌다. 마치 도로표지판의 표지처럼 법은 인간의 실천적인 삶의 정향을 위한 신호로서의 의미를 갖는다. 또한 망치와 같은 연장이나 족쇄와 같은 기구처럼 법은 인간의 실천적 삶의 실현을 위한 도구로서의 의미도 갖는다. 법이론과 법철학에서 법은 이 같은 이중의 성격, 즉 신호(Signal)와 도구(Instrument)로서의 성격에 비추어 결정규범(Bestimmungsnorm)과 평가규범(Bewertungsnorm)으로 개념화할 수 있다.[10)]

인간의 실천적 삶이 교통신호에 따라 정향되듯, 법은 우리의 현실적 삶을 신호체계의 빛에 따라 인도한다. 또한 법에 있어서 도구체계는 인간의 실천적 삶이 도구를 이용하듯 형벌과 같은 제도적 도구에 의해 운용되게 만든다. 이러한 비유가 적

10) Maihofer(Hrsg.), Begriff und Wesen des Rechts, 1973, Vorwort XXVI 이하.

절하다면 법은 이들 교통신호체계나 작업도구처럼 법의 신호하에서 인간의 생활세계를 해석하는 작업이요, 또한 법의 도구로써 인간의 생활세계를 변화시키는 작업이라 할 수 있다.[11)]

인간의 생활세계에서 대상물이 갖는 성향의 형식적 구조를 분석하고 표현한 서술만 가지고서는 법이라는 대상의 의미기능이 직접적으로 규정될 수도 없고 간접적으로 도출될 수도 없다. 신호체계처럼 법체계도 대상 그 자체나 사물 그 자체처럼 자신의 목적과 가치를 스스로 내포하고 있지 않다. 도리어 자신 밖에 어떤 목적이나 가치와 분명히 관련된 그 무엇이 존재한다. 교통신호체계처럼 바른 방향을 제시하는 그의 특별하고 전형적인 기능에서 해명할 수 있는 어떤 의미와 기능처럼 법도 신호기능으로서, 인간 상호간의 상호작용과 소통을 위한 실천적인 정향에 봉사한다. 물론 찻길이나 뱃길의 자연적인 위험예방을 위한 정향기능과 달리 법의 정향기능은 정해진 장소에서 정해진 시각에 자유롭게 통행하는 사람들과 그들간의 상호교통을 고려한 교통신호와 같은 것이다.

교통신호가 그러하듯 법의 기능에 비추어 본 신호도 목적 그 자체가 아니라 인간의 실천적인 삶이 스스로 설정한 목표에 이르도록 정향시켜 주는 수단에 불과하다. 법은 이 선택된 목표에 가장 빨리, 가장 안전하게 도달할 수 있도록 인도해 주는 물길에 불과하다.[12)]

인간의 실제생활의 정향을 가능하게 해주는 신호로서 어떤 대상에 대한 인식의 지평은 이 실천적 삶의 목표인 인식의 관심사에 기초한다. 어떤 대상의 제1차적 내지 제2차적 의미와

---

11) Maihofer, Ebd., XXVIII.

12) 김일수, 법은 강물처럼, 2002, 84면.

기능은 그 대상의 색상이나 아름다움과 같은 육감의 대상도 아니고 정신적 감지의 대상도 아니다. 오직 일정한 인식 관심사에 의해 기초지어진 한 인식주체의 인식객체에 대한 인식관점에서만 감지되고 통찰될 수 있을 뿐이다. 왜냐하면 한 특정주체에 대하여 한 특정객체가 지니는 기능적 의미는 이를테면 운전자나 선장과 같은 일정한 사회적 역할에서처럼 인간의 실제적인 삶의 이론적인 정향을 위한 기능적 유용성에 비추어서만 말할 수 있기 때문이다.[13)]

여기에서 법도 인간의 실제적인 삶의 이론적인 정향을 위한 기능, 즉 비교가능한 주체-객체의 관계가 아닌가하는 의문이 제기된다. 형법상으로도 불행한 사고를 당한 이웃에 대한 안전이나 보호의무 있는 자는 보증인적 지위와 의무가 인정되어, 일정한 작위의무가 주어질 뿐 아니라 윤리적으로도 선한 사마리아인의 의무, 즉 구조이행 의무가 주어진다. 사고를 만난 자의 인식관점, 즉 그의 생명·건강의 유지를 위한 이익과 기대의 관점에서 법을 보면, 다른 관여자들의 다른 이익과 기대의 인식관점과 전혀 다른 양태를 띤다. 사고 만난 자에게 법은 본질상 구조희망의 신호로서의 의미와 기능을 갖는다. 타인들이 사랑과 동정심에서 스스로 원조를 제공하려 하지 아니하는 상황에서도 법은 최후적으로 형벌위협을 수단으로 삼고 법적으로 이를 강제할 수도 있기 때문이다. 행위자가 위난자를 위해 구조원조를 제공하도록 내리는 법의 명령은 그 위난자에게 위기상황에서 탈출할 수 있는 기대를 갖도록 정향하는 신호일 뿐만 아니라 동시에 피해자가 법의 지렛대를 이용하여 곤궁에서

13) Maihofer, Ebd. XXX.

구조를 요청할 수 있는 도구이기도 하다. 이처럼 우리가 법을 곤궁에 처한 이웃의 인식관점에서 보느냐 추론가능한 가해자와 그의 이익·기대의 관점에서 보느냐에 따라 법의 모습은 전혀 다르다.

여기에서도 법은 신호와 도구라는 이중의 기능을 갖고 있음을 볼 수 있다. 특정한 양태에 비추어 우리는 사고의 긴급상황이 발생했음에도 불구하고 행위자가 취한 구조부작위를 불법으로 평가하기도 하고, 법의 명령을 수단으로 하여 행위자로 하여금 미리 구조를 제공하도록 행위자의 태도에 영향을 미칠 수도 있다. 타인의 법적으로 보호된 이익, 즉 생명·건강을 위해 행위자에게 법적으로 기대가능한 한계 안에서 피해자를 적절한 때에 구조할 행위 기대와 의무를 지운다. 피해자의 인식관점과 위험상황으로부터의 구조라는 인식관점에서 타인에게 기대된 구조가 문제된다면, 행위자의 인식관점과 자신의 재화유지라는 인식 이익에서 타인을 위해 기대된 희생이 문제된다. 이 양자는 동전의 양면과 같다.

피해자와 가해자 사이의 주체-객체의 관점과 달리, 일정한 이익의 보호와 그에 상응하는 기대의 담보를 위하여 행위규범의 금지 또는 명령에 대한 불복종에 대한 판단의 지시나 명령으로서의 성격을 지닌 법도 있다. 이 같은 법은 개인의 이해관계에 기초한 관점이 아니라 법관 또는 경찰, 검찰, 변호인이라는 초개인적인 이해관계에 기초한 관점으로서 그와 다른 성격을 지닌다. 여기에서 법은 피해자 또는 가해자와 같은 사실상 사건의 이해당사자 관점이나 수범자 관점에서 나온 평가규범과 행위규범이 아니라 사건과는 무관한 제3자의 관점과 수범자의 관점에서 나온 평가규범과 재판규범이다. 이곳에서는 실제적인 행위가 문제되는 것이 아니라 도구로서의 재판행위가 문제된다. 그런데 평가규범·재판규범으로서의 법에서도 신호와 도구로서의 법의 이중기능은 똑같이 문제된다는 점이다. 즉, 인간의 현실적 삶을 재판을 통해 정향함으로써 사회적인 관계와 인간행위의 해석과 변화를 추구하는 이중기능이 바로 그것이다.14)

행위·평가규범뿐만 아니라 이 규범과 결합된 법의 제재에서도 위에서 살펴본 법의 이중기능은 그대로 적용되는 셈이다. 규범위반에 대한 처벌의 의미와 목적도 이 같은 신호와 도구로서의 이중기능을 갖는다. 즉, ① 일정한 규범위반 및 이익침해 행위를 불법으로 해석하는 기능이요, ② 확정된 나쁜 현실을 보다 개선된 현실로 변화하도록 작용을 가하는 기능이다. 강제를 수단으로 하여 행위자(가해자)의 자유에 사전 또는 사후적으로 영향을 가하여 그로 하여금 위험한 불법행위를 하지 못하게 하거나(법률의 일반예방기능), 그럼에도 불구하고 저질러진 불법행위에 대해서는 그런 일이 다시 반복되지 않도록 하는 기능(재판의 특별예방적 기능)은 법에 의해 행위를 변화시킴으로써 사회 내에서 인간관계를 개선하는 것 외에 다름 아니다.15)

입법, 재판, 법학에서 실무적으로나 이론적으로 법의 본질을 구성하는 실체적 기준을 어느 정도 실체에 맞도록 설명하려면 법의 모든 상이한 측면과 관점, 즉 행위규범과 보호규범으로서의 법기능, 평가규범과 재판규범으로서의 법기능 등등을 현실의 법해석과 변경의 측면과 관점에서 운용되는 현실적인 특성으로부터 법의 본질규정의 공통분모를 여하히 포괄적으로 도출해낼 수 있느냐 하는 문제로 돌아간다. 후기자연법적인 법

---

14) Maihofer, Ebd., XXXII.

15) Maihofer, Ebd., XXXIII.

사고의 여러 가지 상이한 방향으로부터 역사주의, 실증주의, 관념주의, 현실주의에 이르기까지 다양한 인식의 지평과 인식의 관점을 한데 묶어 통일적인 인식의 객체를 어떻게 성찰해낼 수 있는가는 실로 법철학과 법이론의 어려운 과제에 속한다.[16]

이상의 관점을 종합해 볼 때, 교특법상 일정한 조건하에서 공소권 발동을 제한시킨 조치는 일반법인 형법상 과실, 업무상 과실치상죄 규범의 신호체계를 교란시키는 역기능을 낳는다. 우선 교특법 제4조 소정의 공소권 봉쇄조치는 형법상 규율된 구성요건상의 행위규범(주의규범)을 식물규범화하여, 마치 이 법조 소정의 예외사유에 해당하지 않는 교통범죄는 사회적으로 불법한 범죄가 아니라 개인적으로 불행한 사고일 뿐이라는 인상을 심어 준다는 점이다.[17] 따라서 예상되는 불행한 사고에 대해 자동차보험에만 가입하면 운전자는 도로교통에서 형법으로부터 자유롭게 활동할 수 있다는 의식을 학습받게 된다. 이것은 교통범죄영역에서 법적 신호체계의 교란이며, 이로 인해 적극적 일반예방이라는 형법의 임무도 본질적인 타격을 입을 수밖에 없다. 결과적으로 이 같은 신호체계의 교란은 교통범죄의 수준을 반사회적 범죄가 아닌 에피소드적인 일탈행동 정도로 변질시켜, 수범자들의 행위규범 준수의식 약화와 더불어 교통범죄의 누적적인 증대를 가져왔다고 할 것이다.

셋째, 정책적으로 결과적 정의(Folgengerechtigkeit)의 실종이다. 형사정책가들은 말할 것도 없고 형법정책가들도 형법발전

16) 이 과제는 근본적으로 법의 존재론과 가치론을 통해서도 함께 조명되어야 할 주제이다.

17) 교통사고처리특례법이라는 명칭 자체가 이미 그와 같은 오도를 부추기는 역할을 한다.

을 위한 개혁논의에서 학문이론적 시각을 확대하고, 정책적 결정을 내릴 때 그 결정으로 나타날 효과를 고려하여 그 방향을 설정할 것을 강하게 요구한다. 이 같은 정책학적 관점을 결과지향성 또는 결과적 정의라고 부른다.[18] 독일에서는 1980년대 들어 결과지향 형법은 끝났다고 한다. 그 대신 형법의 기능화·도구화로 치닫는다. 그 결과 학문은 점차 형법의 정책·실무에 대해 의미를 잃어가고, 전통적인 형법원칙들은 침식당하고 있다.

전통적으로 형법은 그것이 단지 현실적인 갈등해소의 편리한 도구로만 이용당하는 것을 막아온 원칙들을 가지고 있었다. 진정한 의미에서 형법의 최후수단성·보충성이란 형법을 통해 반사회적 범죄행위를 통제할 만한 사회윤리적 정당성을 형법이 갖고 있고, 그리하여 형법실현을 통해 가해지는 사회윤리적 비난은 어떤 다른 공적 제재수단보다도 더 강력한 비난성의 무게를 담고 있다는 사실을 전제할 때만 유효한 것이다. 형법이 기술적인 조작도구처럼 기능화하게 되면, 이러한 무게감을 잃어버리고, 단지 절차의 단축, 비용의 절감, 단순화 등을 꾀하기 위해 규범의미의 공동화 및 규범신호체계의 이완을 불사하게 된다.

그러나 적어도 형법은 정책적으로 다음과 같은 사실을 간과해서는 안 된다:

— 국민들은 형벌위협과 유죄판결에 대한 확실한 인식을 가지고 있어야 한다. 만일 그렇지 않으면 형법규범은

18) Hassemer, 형법정책(배종대·이상돈 편역), 1998, 39면 이하 참조.

자신이 의도한 사람들에게 전달되지 않는다.

— 형벌위협과 형벌집행을 통하여 범죄를 마음먹고 있는 사람들에게 새로운 반대동기를 부여할 수 있어야 한다. 만일 그렇지 않으면 예방도구로서 형법은 무용지물이 되고 말 것이다.

이 관점에서 교특법의 생성과 그 후의 영향을 살펴보면 확실히 교특법 이후 자동차산업과 보험산업의 신장에 이 법률이 기여한 면은 있지만, 형법을 통한 교통범죄의 통제에는 비상이 걸린 것이 사실이다. 그것은 정책적으로 올바르지 않았을 뿐만 아니라 결과의 정의가 아닌 결과의 부정의를 낳았다.

물론 위에서 열거한 문제점들은 교특법이 안고 있는 많은 사회경제적 · 정치경제적 · 사회문화적 문제점들의 일부에 불과하다. 하지만 특히 법이론적 · 법정책적 관점에서 교특법이 안고 있는 문제점들은 그와 같은 문제영역을 결코 벗어나지 않을 것으로 사료된다.

2. 교특법 규범창설시 입법자의 의도

1981. 12. 31. 교특법 제정시 입법자의 의도는 교특법 제1조 입법취지에 담겨 있다. 즉, 자동차운전이 국민생활의 기본이 되어가는 현실에 부응하여 업무상 과실 또는 중대한 과실로 교통사고를 일으킨 운전자에 대한 형사처벌 등의 특례를 정함으로써 교통사고로 인한 피해의 신속한 회복을 촉진하고 국민생활의 편익을 증진시키는 것을 목적으로 한다는 것이다.

이 법률은 원래 「교통사고운전자처벌 등에 관한 특례법」

이라는 명칭으로 정부에서 제출한 법률안으로서 1981. 11. 27. 제108회 국회 제21차 내무위원회에서 제안설명과 질의 절차를 마친 뒤 위 위원회 법안심사 제2 소위원회의 심의를 거쳐 같은 해 12. 3. 위 위원회 제22차 회의에서 의결된 후 법사위원회로 회부되었다. 그 주요내용은 다음과 같은 것이었다[19]:

— 자동차 등의 운전자가 업무상 과실 또는 중과실로 사람을 사상하거나 타인의 재물을 손괴할 경우, 신호위반, 중앙선침범 등으로 인한 사고를 제외하고는 피해자의 의사에 반하여 처벌할 수 없도록 함.

— 교통사고를 일으킨 자동차 등이 그 피해에 대한 손해배상금 전액을 보상하는 보험 또는 공제에 가입된 때에도 처벌을 원하지 않는 의사가 있는 것으로 간주하여 당해 운전자를 처벌하지 아니하도록 함.

— 허위의 보험 또는 공제가입에 관한 증명서류를 발급하거나 이를 행사한 자에 대하여는 3년 이하의 징역 또는 300만원 이하의 벌금에 처하도록 함.

— 교통사고를 일으킨 운전자가 공무원인 경우, 종래에는 그 사고로 인명피해가 발생하여 공소가 제기되면 직위해제를 해 왔었으나, 위 법안 부칙(제3항, 제4항)에서 국가공무원법에나 지방공무원법 또는 경찰공무원법, 소방공무원법, 기타 공무원 관계법규에 규정된 직위해제, 즉 신분상의 조치사항에 대한 특례를 두어 약식절차로 행하는 경우에는 이와 같은 불이익을 받지 않음.[20]

19) 국회사무처, 내무위 회의록 제21호 1, 2면.

20) 국회사무처, 내무위 회의록 제21호 15면 참조.

그러나 법사위 법안심사 제1 소위원회의 심사결과 이 법률안의 명칭은 「교통사고처리특례법」으로 수정되었다. 즉, 내무위 안은 형법 제268조 소정의 처벌규정에 대한 특례의 성격을 강조한 것이었으나, 법사위 제1 소위의 입장은 이 특례법을 형법 제268조 소정의 구성요건 규정에 대한 특례의 성격을 지니도록 해야 한다는 관점이었기 때문이었다. 이런 취지에 따라, 처벌의 특례를 규정하였던 내무위 원안 제3조를 같은 조 제2항으로 조정하고, 같은 조 제1항을 신설하여 "제(諸) 차의 운전자가 형법 제268조의 죄를 범한 때에는 5년 이하의 금고 또는 500만원 이하의 벌금에 처한다"고 규정하였다.

이것은 교통사고로 인한 벌금형을 당시 형법 제268조의 '200만원 이하'보다 상향조정한 것으로서 특례법의 원칙적 입장은 교통사고치상이 일반 업무상 과실치상죄보다 그 주의의무 위반 정도가 중한 경우임을 천명한 것이었다. 더 나아가 이미 선진국에서는 교통범죄를 비롯한 과실범죄에 대해서 금고형과 같은 자유형의 부과보다 재산형인 벌금형의 부과가 빈발하는 추세여서 벌금형의 주형화 현상이 일반화되었고, 벌금형의 형벌효과를 높이려면 형사정책적으로 정액벌금제 대신 일수벌금제를 도입하거나 아니면 차선책으로 정액벌금의 상한선을 높일 수밖에 없다는 현실을 감안한 것이었다.[21]

그 밖에도 법사위 제1 소위는 교통사고를 일으킨 제(諸) 차가 보험 또는 공제에 가입한 경우에는 운전자의 처벌을 원하지 않는다는 피해자의 명시한 의사가 있는 것으로 의제토록 한 이 법률원안 제4조가 법이론상 타당성을 결하고 있다는 이유로

---

21) 국회사무처, 법사위 회의록 제16호 15면 참조.

그러한 경우 당해 제 차의 운전자에 대하여 공소를 제기할 수 없는 것으로 수정하였다. 또한 위에서 언급한 바대로 위 법안 부칙 제3항 및 제4항은 각종 공무원법에 대한 특칙을 두고 있었다. 그러나 위 법 부칙으로써 다른 법률의 내용을 개정하는 것은 법체계의 혼란을 초래할 우려가 있을 뿐만 아니라 부칙에서 다른 법률을 개정하더라도 이 특례법안과 무관한 각종 공무원법의 일반적인 내용을 개정하는 것은 무리라고 판단하여 이들 부칙조항을 일괄 삭제하기로 하였다.[22]

위와 같이 수정된 법사위 제1 소위원회의 법률안이 법사위에서 그대로 가결되었고, 뒤이어 국회 본회의에 상정되어, 법사위 안대로 가결·확정되었다. 결국 전문 6조와 부칙으로 구성되어 있는 교특법은 1981. 12. 31. 법률 제3490호로 제정·공포되어 1982. 1. 1.부터 시행되었으나, 1984. 8. 4. 법률 제3744호 개정법률로 인한 개정 이후 수차례 개정이 더 있은 후, 2010. 1. 25. 법률 제9941호 일부개정법률로서 현재에 이르고 있다. 특기할 점은 1995. 12. 29. 형법개정으로 형법 제268조의 법정형 중 벌금형이 2천만원 이하로 상향조정된 후, 1996. 8. 14. 교특법 일부개정법률부터 벌금형 상한선이 형법과 교특법이 같아졌다는 점이다. 이 같은 상황 아래서 교특법 제3조 1항의 의미는 상실되었고, 교특법은 사실상 다시 「교통사고운전자 처벌등에 관한 특례법」의 취지로 되돌아간 셈이다.

이상의 간략한 연혁을 통해서도 우리는 법률에 표명된 입법자의 의도보다 실종된 조치들이나 감추어진 몇몇 단편적 법언어 속에서 은폐된 입법자의 의도를 더 잘 읽을 수 있다. 그

22) 같은 법사위 회의록 제16호 16, 23면 참조.

리고 현재 객관적인 해석을 통해 우리는 이들 은폐된 입법자의 의도가 공식적으로 표명된 입법취지보다 훨씬 더 교특법 제정 배후의 진실을 캐는데 유용한 도구가 된다고 생각한다.

교특법의 공식화된 제정이유(제1조)를 다듬어보면, ① 교통사고를 일으킨 운전자에 대한 형사처벌 등의 특례를 정함(input), ② 교통사고 피해의 신속한 회복 및 국민생활편익 증진(output) 등으로 요약된다.

먼저 특례의 input 조치는 (ⅰ) 반의사불벌죄(제3조 제2항)와 (ⅱ) 공소권 봉쇄(제4조 제1항 본문)이다. 다음으로 output 중 교통사고 피해의 신속한 회복은 (ⅰ)과 (ⅱ)의 조치가 다같이 기여할 수 있다. 하지만 (ⅰ)은 형사처벌에 의한 간접적인 의사강제 수단에 불과하므로, 실질적인 보호책이 되기 어렵다. 이에 비해 (ⅱ)는 보험 또는 공제가입을 전제로 한 조치이기 때문에 직접적인 보호책이 될 수 있다. 다만 이 같은 조치가 피해자의 정의감까지 충족시켜 줄 실질적인 보호책이 될 수 있을지에 관해서는 교통사고의 경중, 피해자의 특수사정 등을 고려할 때 일반적으로 그렇다고 답하기는 어려워 보인다.[23)]

그러나 법문에는 명시되지 않았으나, 당시 관보에 게재되었던 제정이유에는 "자동차의 운전이 국민생활의 기본요소로 되어가는 현실에 부응"한다는 문언이 들어 있다.[24)] 가려졌던 위 제108회 국회 내무위원회 제21차 회의에서 정부측 제안설

23) 한국 사람의 전통적인 정서에 비추어 볼 때, 교통범죄로 인한 피해는 병원치료 후에 외상(外傷)의 정신적 내상화(內傷化) 고통이 지속된다는 점이다. 그 내상을 치유하기 위해 대개는 보험보다는 보약 한 제쯤의 비용이 최소한 더 돌아간다고 보아야 할 것이다.

24) 법제처, 국가법령정보센터 교특법 제정이유 참조.

명서에 나타난 입법취지는 "급증하는 자가운전화 추세에 효과적으로 부응하기 위하여 교통사고운전자에 대한 처벌과 그 피해에 관한 처리절차를 간소화함으로써 국민생활의 편익을 도모"한다는 것이었다.[25]

이상을 종합하여 보면, 첫째, 급증하는 자가운전화 추세를 원활하게 하기 위해 기존의 교통범죄 처벌 관행을 탈피하여 자가운전자를 포함한 자동차운전자에게 일정한 조건하에서 형법상 업무상 과실·중과실 치상죄 처벌로부터 자유로워질 수 있는 해방특구를 설치하는 데 목적이 있다. 둘째, 피해자에게 불처벌에 관한 의사결정권을 주어, 가해자와의 합의에 유리한 고지를 제도적으로 마련해 주고자 하는 것이다(반의사불벌죄화). 셋째, 보험 및 공제제도 가입자에 대한 공소권 봉쇄조치로 운전자의 보험 및 공제제도 가입을 유도함으로써 피해자에 대한 치료비 및 손해액의 신속한 회복을 도모하는 데 목적이 있다는 것이다.

끝으로 실질적으로 중요한 취지였지만, 은폐되어버린 입법자의 의도는 그 당시 초기 자가운전 시대를 공직사회가 본격적으로 주도해 나가기 위해 고위공무원의 자가운전에 대한 과감한 비용지원의 인센티브 외에 만의 하나 원하지 않는 교통사고를 일으킨 경우에도 직위해제 등 신분상의 불이익을 받지 않도록 보험가입을 전제로 아예 공소권 봉쇄조치로 나아가는 입법조치를 취하고자 했던 것이다.

그것은 기존의 보수적인 형사정책적 관점, 즉 교통범죄에 대하여는 업무상 과실 및 중과실과 결과의 중대성에 따라 엄벌

25) 국회사무처, 제108회 국회 내무위원회 회의록 제21호 1면.

주의를 취해 온 당시의 관행을 획기적으로 전환하는 것으로서 일종의 코페르니쿠스적 전환이라고 할 만한 기발한 발상이었다. 도덕적 기반이 약했던, 그래서 정권 출범 초까지 혁명적인 강압적 조치에 짓눌려 왔던 공직사회와 사회일반에 대해 신군부가 당시 국풍과 같은 일종의 대중영합적 조치의 일환으로 도로교통에 참여하는 운전자들에게 두려움을 없애주는 자유통행증을 안겨준 것이나 다름없는 조치가 바로 교특법 제4조 소정의 보험·공제 가입 운전자들의 교통사고에 대한 공소권 봉쇄조치였던 것이다.

교통범죄를 포함한 과실범 통제정책에서 자유형의 점진적 폐지, 대체형의 투입 등 형벌위하 및 형벌집행에서의 완화와 다이버전프로그램의 증가는 최근까지 형사정책의 세계적 추세이지만, 교특법과 같은 특별형법의 공소권 봉쇄장치를 통해, 핵심형법의 예방과 진압도구들을 공동화시키는 것은 우리나라에만 특유한 이례적인 현상에 속한다. 피해자에 대한 원상회복(victim restitution)이나 피해자와 화해에 이른 경우 가해자에게 형의 감면조치나 형의 유예조치를 취하는 것은 독일형법에서도 그 실례를 찾을 수 있으나,[26] 보험 또는 공제조합에의 가입을 조건으로 공소권을 전면 봉쇄하는 것은 피해자보호의 측면에서 볼 때 위험천만한 정책이라 아니할 수 없다. 무엇보다도 이와 같은 봉쇄조치가 교통참여 운전자들의 난폭운전과 부주의운전을 부추겨 인명과 재산에 대한 손상을 매년 점증시켜 왔다는 사실이다.[27]

교특법에 의한 핵심형법상 업무상 과실·중과실 치상죄의

---

26) §§46Ⅱ, 4a, 56Ⅱ 2 StGB.

27) 손기식, 교통형법, 1986, 225면, 특히 주1 참조.

경고기능과 선도기능 및 예방기능의 공동화는 교통범죄의 중대성을 희석시켜 그것을 교통사고의 아류로 변형시켰고, 그 결과 죄와 벌 내지 불법과 불행(재수없음)의 한계를 모호하게 만들어 진압도구로서의 형벌을 무용화시키는 데 이르렀다. 더 나아가 핵심형법상 교통과실범죄규범의 호소력과 집행력을 퇴조시켜, 운전자들의 무모성과 인명경시 풍조의 만연화에도 일조했다고 할 것이다.

결국 교특법은 제정시 입법자가 표명했던 목적에도 불구하고, 그 목적 뒤에 은폐된 자동차산업 활성화, 보험업의 정착이라는 산업논리와 선심성 입법 포퓰리즘의 결탁으로 인해 형법체계 내에서 규범체계의 통일성을 균열시키면서 그 목적의 일탈 및 도로교통에서의 규범준수의식 문란 그리고 부주의로 인한 인명경시적 사고유발을 조장하는 역기능과 부작용을 부추겼다.

3. 교통안전을 통한 질서확립보다 이완된 법규범의 등장

교특법의 신호체계는 규범의 수범자들에게 전달되어 그들이 이 규범의 의미를 체득하기에 난해하고 복잡한 구조를 취하고 있다. 이 난해성과 복잡성은 교통참가자들에게 규범의 일반적인 행위지시나 행위기대에 따라 소통하고 교류하는 데 혼선을 야기시킬 수 있는 위험을 내포하고 있다.

이미 알려진 바와 같이 교특법의 핵심내용은 ① 차의 교통으로 인한 업무상 과실・중과실 치상죄(형법 제268조)와 도로교통법 제151조 위반죄에 대하여 피해자의 명시적인 의사에 반하여 처벌할 수 없다는 점(교특법 제3조 제2항 본문), ② 교통사고를 일으킨 자가 교특법 제4조 제2항의 보험 또는 공제에 가입한 경우에는 공소를 제기할 수 없도록 한 점(교특법 제4조 제1항 본문) 등이다.

여기에서 도로교통 안전을 통한 질서확립에 투입된 형법과 도로교통법상의 신호체계는 분명하다. 우선 형법상 일반과실치사상죄(형법 제266조, 제267조)에 비하여 불법 및 책임이 가중된 업무상 과실치사상죄 내지 중과실치사상죄(형법 제268조)는 넓은 의미의 책임가중 관점 외에 일반예방적 관점에서 그 형을 가중하고 있다.

형법의 법익질서가 생명을 최정점으로 하고, 신체의 완전성을 그 다음으로 중요시한다는 사실은 새삼 강조할 필요조차 없다. 이들 법익의 중요성 때문에 형법은 고의적인 살상범죄의 규율만으로 만족하지 않고, 과실에 의한 살상범죄도 규율의 대상으로 삼는다. 이것이 형법상 과실치사상의 죄에 관한 규정이다.

두말할 필요조차 없이 인간의 실존조건 중 가장 기본적인 조건은 생명과 신체의 완전성, 즉 건강이다. 이것을 제대로 보호하자면, 이에 대한 직접·간접의 위험이 될 수 있는 일정한 행태들까지 규율의 대상으로 삼지 않고서는 그 기대를 충족시킬 수 없다. 그러므로 형법은 바로 생명과 신체의 완전성을 보호하는 죄형법규, 즉 살인 및 상해·폭행죄 다음에 과실사상의 죄와 낙태의 죄, 유기와 학대의 죄를 규정함으로써 인명중시의 규범적 보호장치를 마련하고 있다.[28)]

과실치사상의 죄가 보호하는 법익은 살인과 상해의 죄에서 보호하는 법익과 동일하다. 즉 과실치사의 죄에서는 생명이, 과실치상의 죄에서는 신체의 완전성이 각 그 보호법익이 된다.

---

28) 김일수, 한국형법Ⅲ, 193면.

살상행위가 고의에 의한 것인가 과실에 의한 것인가는 행위의 주관적인 측면인 행위반가치에 따른 구별이고, 그로 인해 침해되는 보호법익은 고의이건 과실이건 다를 바 없기 때문이다.

형법은 과실치사상죄의 기본적 구성요건으로 과실치상죄(제266조)와 과실치사죄(제267조)를 규정하고, 이에 대한 불법가중적 구성요건으로 업무상 과실・중과실 치사상죄(제268조)를 규정하고 있다. 우리 형법이 업무상 과실・중과실 치사상죄를 가중하여 처벌하는 것은 일본형법 제211조와 일본형법가안 제254조의 예에 따른 것으로 보인다.[29] 현행 형법은 구형법(일본의용형법)에 비해 형기를 전반적으로 인상하고, 과실치상죄에 대해서만 해제조건부 범죄가 되도록 반의사불벌죄로 규정한 것(형법 제266조 제2항) 등이 특색이다.

과실 개념은 일찍부터 히브리 율법사상이나 로마법에 등장하였다. 로마 하드리언(Hadrian) 황제 시대부터 중과실 개념이 등장했다. 이것이 중세 독일법과 독일보통법에 계수되어 중과실・경과실・최경과실 등의 책임구분이 행해졌다. 그러나 역사적으로 과실치사상죄가 고의적인 살상범죄와 구별되어 독립적으로 규정된 것은 중세 및 근세에 이르러서였다.

과실치사죄가 독립적으로 규정된 것은 1532년 카롤리나 형법전이 최초였고, 과실치상죄가 독립적으로 규정된 것은 1794년 프로이센 일반국법에 이르러서였다. 프로이센 일반국법은 그 밖에도 업무상 과실 및 공무상 과실에 관한 규정을 두었다. 우리 형법의 업무상 과실치사상 및 중과실치사상은 이러한 입법에 영향을 받은 것으로 짐작되지만, 정작 프랑스형법이

29) 유기천, 형법각론(上), 62면.

나 독일형법, 스위스형법, 오스트리아형법 등에서는 업무상 과실이나 중과실 등의 구별 및 가중처벌 규정을 두고 있지 않으며, 일반과실치사상죄의 범주 하나로 규율하고 있다.[30]

동양법에서는 전통적으로 고의범을 유의범(有意犯), 과실범을 무의범(無意犯)이라 하여 양자를 달리 취급해 왔다. 명률(明律)이나 명률(明律)을 계수한 조선의 대전회통(大典會通)도 제5편 제9장 제6절에 과실살인률, 제18절에 인희급과실상인률(因戱及過失傷人律)을 두어 과실치사상을 고의범과 구별하여 별도로 취급하고 있다.[31]

20세기로 넘어오면서 산업화와 기술문명의 급속한 발전으로 여러 나라에서 과실범의 존재의의와 기능에 관한 인식이 높아지기 시작했다. 특히 교통사고로 인한 과실사상은 급격히 증가되었다. 그 밖에도 공장산업시설·건축·의료·환경 분야에서 과실치사상이 차지하는 몫은 괄목할 만한 것이 되었다.

독일에서는 1990년 이래 과실치사가 거의 10배 증가되었고, 과실치상은 거의 20배 증가되었다.[32] 오스트리아에서도 1978년에서 1983년까지 과실치사상의 증가율이 거의 10% 수준을 넘어서고 있다.[33] 우리나라에서는 1988년도 형사범의 발생건수 총 596,361건 중 과실범이 37.9%,[34] 1990년도 형사범의 발생건수 총 635,637건 중 과실범이 39.8%,[35] 1993년 형사범의 발생건수 총 698,988건 중 과실범이 37.6%로서[36] 가장

30) 김일수, 한국형법Ⅲ, 194면.

31) 김일수, 한국형법Ⅲ, 195면.

32) Wessels, Strafrecht AT, S.182.

33) Triffterer, Strafrecht AT, S.302.

34) 법무연수원, 범죄백서, 1989, 22면.

35) 법무연수원, 범죄백서, 1991, 26면.

높은 비율을 차지하고 있는 실정이다. 산업재해로 인한 과실사상만도 1991년도에 총 128,169명 중 2,299명이 사망하고, 29,054명이 다쳐서 하루 평균 8명이 산업일터에서 사고로 숨지고, 1백명이 불구자가 된 셈이다.[37)]

과실개념에서 본질적인 내용은 행위의 주의의무위반성이다. 여기에서 주의의무란 구성요건실현의 인식가능성 내지 예견가능성과 회피가능성을 의미한다. 이 주의의무위반에는 행위자의 개별적인 능력에 따라 결정되는 주관적 주의의무위반과 오직 일반인의 객관적 기준에 따라서만 결정되는 객관적 주의의무위반이 있다.

주관적 주의의무위반과 객관적 주의의무 위반의 체계상의 위치에 관하여 종래의 통설은 객관적 주의의무위반은 주관적 구성요건요소로서 행위반가치의 내용이 되는 데 반해, 주관적 주의의무위반은 책임요소로서 심정반가치의 내용이 된다는 입장이다. 그 결과 주관적 구성요건요소로서의 주의의무위반은 일반인의 인식능력과 예견능력을 기준으로 한 일반적인 척도(Generalisierung)에 따라 평가받게 된다. 즉 일반인의 인식가능성·예견가능성·회피가능성에 따라 과실여부가 결정된다.

그러나 주관적 구성요건요소의 일반화척도에 반대해서 그것을 행위자 개인의 인식능력과 예견능력을 기준으로 한 개별적인 척도(Individualisierung)에 따라 평가해야 한다는 견해가 대두하고 있다.[38)] 이 입장은 본(Bonn)학파의 행위반가치 일원론의

---

36) 법무연수원, 범죄백서, 1994, 33면.

37) 노동부 통계자료, 국민일보(1992. 11. 4), 9면.

38) 과실척도의 일반화와 개별화 논의에 관하여는 Roxin, Strafrecht AT/Ⅰ, §24 A V Rn. 46 이하 참조.

논리적 귀결이기도 한다. 이에 의하여 객관적 주의의무위반은 과실의 본질적 요소가 아니라 고의범과 과실범에 공통되는 객관적 귀속의 척도가 되며, 그 대신 주관적 주의의무위반만이 과실의 본질적 구성요소로서 과실범의 주관적 구성요건요소가 된다는 결론에 이른다. 따라서 주관적 주의의무위반은 종래의 통설에서 생각하듯 과실범의 단순한 책임요소가 아니라 오히려 과실범의 주관적 불법요소가 된다는 것이다.[39]

생각건대, 고의와 과실이 체계적인 형평을 유지하면서 불법과 책임에 대해 이중(二重)의 의미(Doppelrelevanz)을 갖기 위해서는 먼저 과실개념이 주관적 과실의 의미로 환원·순화되지 않으면 안 된다. 따라서 형법상 과실이라 함은 객관적 과실을 포함하는 것이 아니라 순전히 주관적 과실, 즉 주관적 주의의무위반만을 지칭한다고 보는 것이 옳다. 그리고 이 주관적 주의의무위반이 불법과 책임에 대하여 이중(二重)의 의미를 지닌다고 해야 할 것이다.[40]

이 같은 일반론을 지나 다시 우리 형법상 과실범의 입법형식으로 눈을 돌려보기로 한다.

첫째, 과실치상죄(제266조 제1항)이다. 이는 과실로 사람을 상해에 이르게 함으로써 성립하는 범죄이다. 이러한 종류의 범죄양태는 고의적인 상해행위에 비해 비록 결과반가치 측면에서는 같거나 무겁지만, 불법의 본질적인 내용인 행위반가치 측면에서는 질적으로 가볍게 평가해야 할 다른 어떤 것이다. 따라서 고의적인 상해행위에 비해 그 형이 가벼울 뿐만 아니라 피해자의 명시한 의사에 반하여 논할 수 없게 하였다(제266조 제2항).

39) 김일수, 한국형법Ⅱ, 388면; 한국형법Ⅲ, 197면.

40) 김일수, 한국형법Ⅱ, 389면; 한국형법Ⅲ, 197면.

둘째, 과실치사죄(제267조)이다. 이는 과실로 사람을 사망에 이르게 함으로써 성립하는 범죄이다. 과실로 인하여 사망의 결과가 야기되었다는 점에서 고의로 사람을 살해한 살인죄와 다르다. 다만 과실치상죄와 달리 본죄는 반의사불벌죄가 아니다.

셋째, 업무상 과실·중과실 치사상죄(제268조)이다. 본죄는 업무상 과실 또는 중대한 과실로 사람을 사상에 이르게 함으로써 성립하는 범죄이다. 현대의 산업사회에서는 과실치사상의 죄 중에서 업무상 과실·중과실 치사상죄가 갖는 비중이 커졌다. 따라서 우리 형법은 단순과실치사상죄 이외에 본죄를 가중적 구성요건으로 규정하여 중대되는 위험예방에 대처하고 있는 셈이다.

먼저 업무상 과실치사상죄는 업무자라는 신분관계로 인하여 보통의 과실에 비하여 불법과 책임이 가중된 가중적 구성요건이다. 이 경우 업무자는 보통사람보다 고도의 주의능력을 가지는 까닭에 보통사람보다 그 주의의무위반 정도가 현저히 중대하고, 그 주의의무 위반은 과실범의 주관적 불법구성요건요소로서 행위반가치 판단의 대상이므로 비난의 중점은 새로운 개별화척도에 따를 때 물론 불법에 놓인다.[41]

이와는 달리 본죄를 보통과실에 비해 책임가중적 구성요건으로 파악하는 견해도 있다. 즉 업무자는 일반인과 동일한 정도의 주의를 하더라도 일반인보다 풍부한 지식·경험을 가지고 있고 결과발생에 대한 예견가능성도 크므로 그 비난성이 높아져서 중하게 처벌한다는 입장이다.[42]

---

41) 결론에 있어서 동일한 입장으로는 강구진, 형법강의(각론 I), 1983, 92면.

42) 정영석, 형법각론, 218면; 이재상, 형법각론, 71면; 정성근, 형법각론,

그 밖에도 업무자에게는 사회생활상 고도의 주의의무가 과하여져 있으므로 그러한 주의의무의 준수를 강요하기 위함이라는 견해,[43] 업무자나 일반인에게 주의의무는 다 같지만 예견의무가 다르기 때문에 사실상 의무의 경중이 생기는 것이고, 형을 가중하는 것은 업무자를 경고하기 위한 일반예방목적 때문이라는 견해[44]도 있다.

생각건대 업무상 과실범을 보통과실범에 비해 책임가중적 구성요건으로 보는 것이 우리나라의 다수설이지만, 개인의 주관적인 과실을 이미 과실범의 주관적 구성요건요소로 보는 필자의 입장에서는 업무상 과실범을 불법가중 및 책임가중적 구성요건으로 파악하는 것이 논리적 귀결이다.[45]

이 불법인자와 책임인자의 큰 틀 안에서 일반예방 목적의 형사정책이 가미되었다고 보는 것은 법치국가적으로 문제될 것이 없다. 그러나 불법과 책임의 큰 틀을 벗어나 단지 일반예방 목적만을 고려해 형벌을 가중시키는 입법조치는 인간의 존엄과 가치를 헌법질서의 최고이념으로 삼는 법치국가 형법질서와 상용하기 어렵다고 할 것이다.

업무란 사람이 사회생활상의 지위에 터잡아 계속적·반복적으로 종사하는 사무를 말한다. 자동차를 계속·반복하여 운행하는 자는 일시 오락으로 또는 전혀 비업무적으로 운전하는

78면.

43) 김종원, 형법각론(上), 1971, 78면; 서일교, 형법각론, 43면; 황산덕, 형법각론, 190면.

44) 유기천, 형법각론(上), 68면; 손기식, 교통형법, 1986, 148면.

45) 김일수, 한국형법Ⅱ, 382면; 한국형법Ⅲ, 209면; 평균인 이상의 능력을 가진 전문가적 업무담당자의 과실이 불법의 문제라는 점에 관한 논증으로는 Roxin, Strafrecht AT/I, §24 A V Rn.54.

경우에도 업무에 해당한다(대판 1970.8.18, 70도820). 자가운전자, 오토바이를 타고 물건을 배달하는 점원(대판 1972.5.9, 72도701), 운전기사 등의 운전행위가 비록 사생활의 성격과 밀접한 연관을 띤다고 하더라도 운전자로서 사회생활상의 지위에 터잡고 있기 때문에 업무가 된다. 계속·반복의 의사 또는 사실이 있는 한 운전에 대해 각별한 경험이나 면허를 갖지 않더라도 그리고 단지 처음 운행한 것이라도 업무가 된다. 즉 승용차를 구입하여 첫 시험운행에서 사고를 낸 운전자라도, 또는 무면허운전자라도 업무로 인한 행위가 된다(대판 1970.8.18, 70도820). 더 나아가 의사가 왕진시에 자가용을 운전한 경우, 자녀의 등하교를 도운 학부모나 자가용으로 출퇴근하는 공무원의 운전행위도 업무로 인한 행위이다.

운전자의 업무상 과실의 실례로는 ① 운행 전에 차체를 정비·점검하여 고장 여부를 조사·수리해야 하고(대판 1968.2.20, 68도16), ② 발차에 필요한 제반조치, 특히 승객의 완전승차와 출입문의 완전폐쇄 여부를 확인하고, 또 속력을 적절히 조절하여 어떤 사태가 발생할지라도 급정거할 수 있는 조치를 취해야 하며(대판 1970.2.23, 70도62), ③ 통행 중에는 교통신호와 제한속도, 안전거리와 추월시의 차선준수 등에 관한 교통규칙을 준수해야 할 뿐만 아니라 전방좌우 주시 및 경적·서행·일단멈춤 등 사고방지에 필요한 조치를 해야 할 업무상의 주의의무 등이다.

다만 스스로 교통규칙을 준수한 운전자는 다른 교통관여자도 자기와 마찬가지로 교통규칙을 준수할 것을 신뢰하면 족하고, 그가 도로교통규칙을 위반할 것으로 불신하고 이에 대한 방어운전이라는 예방조치까지 취할 업무상의 주의의무는 없다.

그러므로 상대방이 중앙선을 침범하여 넘어올 것까지 예상하여 이에 대비해야 할 주의의무는 없으며(대판 1984.2.14, 83도3086; 1984.4.24, 84도240; 1986.10.14, 85도1789; 1993.7.27, 92도2345; 1995.7.11, 95도382), 우선통행권을 가진 운전자는 상대방운전자가 대기할 것을 신뢰해도 좋다(대판 1983.8.23, 83도1288; 1984.4.24, 84도185).[46)]

다음으로 중과실치사상죄는 본질적으로 증대된 과실로 인하여 보통의 과실에 비해 불법 및 책임이 가중된 가중적 구성요건이다. 물론 이 경우에 비중은 구성요건적 불법에 놓인다. 즉 중과실로 인한 불법의 증대에 가중처벌의 근거가 있다. 중과실은 특별히 위험한 행위에 연결되는 측면이지 애당초 행위자의 심정이나 특별히 비난받을 만한 내면적 태도에 연결되는 요소는 아니기 때문이다.

그러나 가중된 불법은 보통의 경우 행위자에게 가중된 책임을 지운다. 행위자가 증대된 위험행위를 실현했을 때, 만약 그가 중과실판단에서 요구하는 통찰능력의 기준에 상응하는 능력을 갖고 있었다면, 이것으로부터 그의 경솔한 무사려 내지 가중된 책임을 도출해 낼 수 있기 때문이다.[47)]

이에 비해 우리나라에서는 중과실도 업무상 과실과 마찬가지로 책임가중사유로 파악하는 것이 다수설이다. 물론 독일에서도 중과실을 책임가중요소로 보는 견해가 있는가 하면,[48)] 불

---

46) 이를 신뢰의 원칙이라 하며, 이 신뢰의 원칙은 허용된 위험의 원칙과 더불어 과실범 체계에서 구성요건해당성 배제사유가 된다. 김일수, 한국형법Ⅲ, 204면 이하.

47) Roxin, Strafrecht AT/Ⅰ, §24 A Ⅷ, Rn. 80.

48) Maurach, Heinitz-FS, 1972, S.417; Maiwald, GA(1974), S.269.

법가중요소로 보는 견해도 있다.[49)]

중과실은 약간의 주의만 기울였더라도 요구되는 주의의무를 위반하지 않았을 사정하에서 보여준 특별히 경솔·무모한 태도를 말한다. 다시 말해서 주의의무위반 정도가 극히 현저한 경우에 해당한다. 즉 특별한 경솔·무모함으로써, 특별한 무관심으로써 결과발생의 근접한 위험원에 대한 주의를 태만히 한 경우를 말한다. 중과실은 그 불법과 책임의 중대성에서 업무상 과실치사상과 같은 정도라고 평가되는 유형의 과실이다. 따라서 중과실은 업무상 과실에 흡수될 수 있다.[50)] 예컨대 계속·반복을 전제로 하지 아니한 무면허 내지 무모운전에 의한 인사사고, 안전운전이 불가능할 정도의 음주상태로 운전에 이르렀다가 사고를 낸 경우 등을 들 수 있다.

업무상 과실·중과실 치사상죄는 형법상 반의사불벌죄가 아니지만 교특법은 업무상 과실·중과실 치상죄를 범한 운전자가 (1) 도로교통법 제54조 제1항에 의한 조치를 취하지 않고 도주하거나 피해자를 타처에 옮겨 유기하고 도주한 경우, (2) 도로교통법 제44조 제2항을 위반하여 음주측정요구에 불응한 경우 외에, (3) 기타 11개 사유, 즉 ① 신호 또는 지시위반, ② 중앙선 침범, 횡단·회전·후진 위반, ③ 제한속도를 매시 20킬로미터를 초과하여 운전한 경우, ④ 앞지르기 방법 또는 금지위반, ⑤ 건널목 통과방법 위반, ⑥ 횡단보도에서의 보행자 보호의무 위반, ⑦ 무면허운전, ⑧ 음주운전, ⑨ 보도침해 내지 보도횡단방법 위반, ⑩ 승객의 추락방지의무 위반, ⑪ 어린이 보호구역에서 주의의무를 위반하여 운전한 경우를 제외하고는

49) Tenckhoft, ZStW 88 (1976), S.911; Volk, GA(1976), S.179.

50) 김일수, 한국형법III, 215면.

피해자의 명시한 의사에 반하여 공소를 제기할 수 없다고 규정하고 있다(교특법 제3조 제2항).

교특법 제3조 제2항은 결론적으로 업무상 과실·중과실 치상죄에 내포된 불법 및 책임가중요소를 희석시켜 이를 단순 과실치상 수준의 사회유해성으로 환원시켜 버렸다. 왜냐하면 단순과실치상죄에 대해서만 인정한 반의사불벌죄 규정(형법 제266조 제2항)을 교특법은 일정한 조건하에서이긴 하지만 업무상 과실·중과실 치상죄에 대해서도 확대적용했기 때문이다.

더 나아가 교특법은 교통사고(업무상 과실·중과실 치상죄)를 일으킨 자동차가 종합보험이나 공제조합에 가입한 때에는 당해 제(諸) 차의 운전에 대하여 피해자의 의사에 관계없이 공소를 제기할 수 없도록 하고 있다(교특법 제4조 1항 본문). 다만 앞서 본 (1) 교특법 제3조 제2항 단서에 해당하는 위반을 저지른 경우, (2) 피해자가 신체의 상해로 인하여 생명에 대한 위험이 발생하거나 불구 또는 불치나 난치의 질병에 이르게 된 경우, (3) 보험계약 또는 공제계약이 무효 또는 해지되거나 계약상의 면책규정 등으로 인하여 보험회사, 공제조합 또는 공제사업자의 보험금 또는 공제금 지급의무가 없게 된 경우에는 그러하지 아니하다(교특법 제4조 1항 단서).

과실치상죄를 반의사불벌죄로 한 것은 형법정책적으로 충분한 근거가 있어 보인다. 당사자 사이에서 원상회복 조치가 이루어져서 서로 화해가 된 경우에는 과실행위로 인하여 야기된 법익 평온상태의 교란이 진정되어, 그것을 회복하기 위해 굳이 형사제재로 나아갈 필요성이 없다고 본 때문이다. 그러나 불법과 책임비난 정도가 이보다 높은 업무상 과실·중과실 치상죄의 경우를 단순과실치상죄와 동일한 선상에 놓을 수 있는

지는 의문이 아닐 수 없다. 교통사고운전자를 다른 전문직업군에 속한 행위자들의 업무상 과실·중과실 치사상죄와 사회적으로 차별해서 우대하는 것은 헌법상 평등권 침해라는 위헌소지가 여전히 상존해 있고, 더 나아가 자동차 운전자들이 이 특례법의 조치를 특권이나 특혜로 오해한 나머지 무모한 운전행위로 나아갈 소지가 충분히 엿보이기 때문이다.[51]

교특법상 반의사불벌죄 내지 공소제기가 애당초 불가능한 경우로는 형법상 업무상 과실·중과실 치상죄 외에도 도로교통법 제151조의 건조물 또는 기타 재물손괴죄도 포함된다(교특법 제3조 제2항 본문, 제4조 제1항 본문). 위 도로교통법 위반죄는 "차의 운전자가 업무상 필요한 주의를 게을리하거나 중대한 과실로 다른 사람의 건조물이나 그 밖의 재물을 손괴한 때에는 2년 이하의 금고나 500만원 이하의 벌금에 처한다"는 내용을 담고 있다. 이 죄의 보호법익은 사람의 건강이나 신체적 완전성이 아니라 재물의 효용성과 가치이다. 교통사고로 인명이나 신체의 완전성을 해할 수 있지만, 그와 달리 건조물이나 그 밖의 재물을 손괴할 수도 있다.

이 같이 업무상 과실·중과실로 인한 대물적 손괴행위에 대해서 교특법이 반의사불벌죄나 보험 또는 공제조합 가입을 조건으로 공소제기가 불가능한 경우로 한 것은, 그 불법과 책임의 질과 정도에 비추어 보면 일응 이해가 가는 조치로 보인다. 하지만 업무상 과실·중과실 치상죄와 마찬가지로 업무상 과실·중과실 재물손괴죄도 이것이 갖고 있는 일반예방적 관점을 함께 고려할 때, 형법정책적으로 합리적인 조치인지 의문이

51) 김일수, 한국형법III, 196면, 217면 참조.

아닐 수 없다.

우리 형법상 재물손괴죄는 고의범에 한하고, 과실로 인한 경우는 형법으로부터 자유로운 영역에 속한다. 그러나 도로교통에 나선 각종 자동차가 위험한 물건으로 돌변해 건조물이나 기타 재물을 손괴한 경우, 그것이 운전자의 업무상 과실이나 중과실로 인한 경우에는 고의범에 근접한 불법비난과 책임비난을 기초로 도로교통법 제151조가 가볍지 않은 형벌을 부과하고 있다. 이처럼 도로교통법 제151조가 과실건조물 · 재물손괴에 대해 형벌을 예고하고 형법적 범죄통제하에 둔 것은 운전자들의 주의력 집중과 책임관념의 강화를 기하고 나아가 위험예방으로서 타인의 건조물 · 재산에 대한 안전을 도모하려는 취지가 뚜렷하다.[52] 그런데 교특법에서 이에 대해서도 반의사불벌죄 내지 공소권 봉쇄조치를 취함으로써 운전자들에 대한 안전운행 지시와 준법의식의 내면화를 무위로 돌리는 결과를 낳고 말았다.

종합해서 볼 때, 교특법 제3조 제2항 본문과 제4조 제1항 본문은 형법상 업무상 과실 · 중과실 치상죄와 도로교통법상 업무상 과실 · 중과실 건조물 · 재물손괴죄의 행위지시를 반의사불벌죄와 공소권이 봉쇄된 범죄의 일종으로 치환시켜 놓음으로써 교통안전을 통한 질서확립의 원칙을 이완시키는 결과를 낳았다. 이것이 우리나라를 교통사고율 증가와 교통사고 사상률이 높은, 그래서 삶의 질과 안전성이 저급한 국가로 전락시키는데 일조를 했다고 본다. 지금까지 하루 평균 30여명을 능가하는 정도의 사상자를 내온 극심한 교통사고율이 이 같은 특례조

52) 강구진, 주석형법 각칙(上), 518면; 손기식, 교통형법, 149면 참조.

항의 복잡한 신호체계와 잘못된 형법정책의 소산이 아닌지 반성해 보아야 할 시점이라고 생각한다.[53)]

결론적으로 교특법상의 특례조항은 형법상 일반과실범과 신호체계상의 균형을 잃었을 뿐 아니라, 교통범죄를 교통사고 범주로 이완시켜 법익체계상의 혼란을 초래했다. 그 결과 형법 제268조, 도로교통법 제151조의 규범적 지시기능을 공허하게 만들어 버렸다. 따라서 형법상 일반과실범 전체의 구도에 따라 체계적이고 통일적인 규율이 이루어질 수 있는 방향으로 이 특례조항들은 재검토되어야 할 것으로 사료된다.[54)]

특히 반의사불벌죄의 특례보다 공소권 봉쇄의 특례가 형사정책적으로 더욱 심각한 문제점을 안고 있음을 감안할 때, 교특법 제4조에 대한 손질은 시급한 입법정책적 과제로 보인다.

4. 법과 경제의 관점에서 본 딜레마

민법적 불법행위와 보험제도의 연계에 관한 법경제학적 논의는 이미 심도 깊은 연구성과로 나아가고 있다. 이에 비해 형법적 불법행위(범죄)와 보험제도의 연계에 관한 연구는 아직 미미할 뿐만 아니라, 그 결과에 대한 만족도도 저급한 편이다.

법경제학에서는 위험(risk)을 불확실한 결과들이 나타날 변수의 폭이라고 가정하고, 이 위험과의 관련성 속에서 세 가지 사고유형의 틀에 따라 ① 위험기피적 유형, ② 위험중립적 유형, ③ 위험선호적 유형으로 분류하기도 한다. 일반적으로 위험기피적 유형의 사람은 위험의 폭이 높은 게임이나 도박 또는

---

53) 김일수, 한국형법Ⅲ, 196면.

54) 손기식, 교통형법, 222면.

모험을 피하는 경향을 띤다. 이에 비해 부(富)의 한계효용이 일정한 사람들은 위험중립적 유형에 속하며, 부의 한계효용이 증대하는 사람들은 위험선호적 유형에 속하는 경향을 띤다고 한다.[55)]

사회생활에서 대체적으로 많은 사람들은 위험기피적이다. 위험에 대한 태도와 부의 한계효용과의 관계에서 부의 한계효용은 감소하는 경향을 띠는 반면, 현재의 부의 수준을 그대로 유지하기를 바라는 성향은 위험을 기피하는 쪽으로 나아갈 수 밖에 없도록 만들기 때문이다.[56)] 여기에 보험(insurance)이 등장할 소지가 있다.

주지의 사실이지만 보험이란 본래 위험기피적인 사람들에게서 일정한 보험료를 받고 대신 불확실한 장래의 위험을 제거시켜 주거나 불의의 위험이 발생했더라도 이를 다시 안정시켜 주는 제도를 말한다. 이처럼 보험은 원래 위험제거 내지 위험 축소의 한 방편이다.

어느 사회이든지 위험이 존재한다. 그러나 대부분의 사람들은 위험을 기피하기 때문에, 위험을 가능한 한 더 적은 비용으로 제거시켜 주는 일은 그 사회 구성원들의 효용을 높이고 나아가 사회후생의 수준을 높이는 일이 된다. 위험의 제거는 이와 같이 ① 직접적으로 효용을 높여서 사회적 후생을 제고할 뿐 아니라, ② 간접적으로는 사람들로 하여금 안심하고 사회적 가치가 있는 위험한 일에 좀더 많이 종사하도록 유도한다. 또한 위험의 제거 내지 축소는 ③ 소득분배의 향상에도 기여한다. 똑같은 소득수준에 있던 두 사람이 위험을 부담한 후

55) 박세일, 법경제학(개정판), 2000, 323면 이하.

56) 박세일, 앞의 책, 324면.

의 상태와 위험을 기피한 (보험 등으로) 후의 상태를 비교하면, 쉽게 후자가 보다 공평한 소득분배의 상태임을 알 수 있다. 따라서 위험을 제거하는 일은 어느 사회에 있어서나 그 사회의 부의 증대와 소득분배의 개선을 위해 대단히 중요한 일이 된다는 것이다.[57)]

사법상 불법행위법의 주된 취지는 원상회복(Schadenswiedergutmachung)에 있다. 만약 가해자의 배상능력이 부족하여 피해자에게 충분한 원상회복이 이루어지지 않을 때, 그 공백을 메우기 위해 현대의 불법행위법은 특히 책임보험 또는 공제제도 가입을 강제하는 경우가 많다. 우리나라의 자동차손해배상보장법(1999. 2. 5. 전면개정 법률 제5793호)은 사실상 모든 자동차 보유자들에게 책임보험 또는 책임공제에 가입하도록 강제하고 있다(동법 제5조). 인명사고에 대해서는 책임보험·책임공제 가입강제(동법 제5조 제1항), 대물사고에 대해서는 대물보험 가입강제(동법 제5조 제2항), 여객자동차와 화물자동차에 대해서는 종합보험 가입강제(동법 제5조 제3항) 규정을 두고 있다.

그 결과 교통사고가 발생하면 피해자가 보험회사에 직접 보험금지급을 청구할 수 있어, 피해자에게는 원상회복의 길이, 가해자에게는 스스로 지급해야 할 위험부담을 제거시켜주는 방도가 된다. 하지만 가해자와 피해자에게 유익을 주는 보험제도가 반대로 보험가입자의 경솔과 무사려 내지 도덕적 해이를 부추겨, 가해자 스스로 사고를 방지하는 데 필요한 행위조정기능을 약화시킨다는 치명적인 한계를 드러낸다. 보험에서 위험의 부담을 제거시켜 주기 때문에 스스로 위험을 통찰하고 회피할

57) 박세일, 앞의 책, 328면.

동인이 약화된다는 데 문제가 있는 것이다. 박세일 교수는 그의 「법경제학」에서 이것을 불법행위법에 있어서 하나의 딜레마라고 표현했다.[58] 즉 위험제거 기능과 사고방지 기능 사이, 보험가입으로 인한 안정감과 사고유발을 회피하기 위한 주의의무 사이에는 어느 정도의 반비례성이 상존하기 때문이라는 것이다.

이 모순을 극복하기 위해서는 보험제도 내부에서 합리적인 방안을 보완할 필요가 있다.[59] 첫째, 보험료결정에 있어 사고발생 실적을 감안하여 차이를 두는 보험료차등제이다. 즉 사고를 덜 내는 사람에게 보다 적은 보험료를 물게 하는 대신 사고를 자주 내는 사람에게는 보다 많은 보험료를 물게 함으로써, 사고방지의 동기를 제고하는 방식이다. 둘째, 사고전체를 배상하여 주는 것이 아니라 배상해야 할 전체손해액의 몇 퍼센트 혹은 얼마 한도까지는 당사자가 직접 부담하게 하고 나머지만을 보험회사가 떠맡는 이른바 부분보험제이다. 이 방식도 피보험자로 하여금 사고방지를 위해 미연에 세심한 주의의무를 더 기울이도록 하는 충격요법(Shockwirkung)의 하나이기 때문이다.

그 밖에도 보험제도가 갖고 있는 근본적인 한계는 이른바 비금전적 손실, 즉 정신적·정서적·가족공동체적 손실의 아픔에 대해서는 과소보험화 내지 명목보험화하는 경향이 강하다는 것이다. 그 결과 일반적으로 ① 피해자가 보험을 통해 보상받는 금액과 ② 피해자의 현실적 실존상황에서 받은 총체적 피해의 원상회복 사이에 존재하는 차이 및 ①과 ③ 가해자에게 사고방지노력을 유도하기 위해 가해자의 고통부담의 일환으로

58) 박세일, 앞의 책, 329면.

59) 박세일, 앞의 책, 329면 이하.

서 지급될 금액 사이에 존재하는 차이가 해소되지 않는다는 점이다.[60)]

효율적으로 가해자의 사고예방을 위한 주의의무를 이끌어 내려면, 가해자가 보험가입으로 인해 자신의 불법행위책임으로부터 면제되는 이익 내지 만족보다 가해자가 사고를 냈을 때 지급해야 할 불이익이 반드시 커야만 한다. 그 불이익은 피해자가 받아야 할 금전적 보상액보다 가해자가 지급해야 할 부담금이 더 커서 가해자에게 훨씬 큰 경제적 손실이 오게 하거나 최후수단으로 형벌을 통한 사회윤리적 비난이라는 고통을 느낄 수 있게 해야 한다. 후자의 입장이 포이어바흐(Feuerbach)의 심리강제설에 기초한 소극적 일반예방이론의 귀결임은 두말 할 것도 없다.[61)]

만약 피해자가 받아야 할 보상금 수준보다 가해자가 지급해야 할 대가의 수준이 낮은 경우, 또는 가해자의 보험부담금이 사고위험부담보다 낮은 경우를 그대로 방치하거나 그것을 장기화되게 하면 가해자의 무모함과 과소방지노력 및 그로 인한 사고의 빈발현상이 나타날 수밖에 없을 것이다. 이에 대한 법정책적 대안으로 사고유발자에 대한 배상책임 외에 형사제재를 병과하는 방법이 있다.[62)] 전자는 보험에 의해 커버될 수 있을지라도 후자는 보험에 의해 커버되어서는 안 된다. 다만 당사자간의 원상회복과 화해에 기초하여 피해자가 가해자의 처벌

60) 박세일, 앞의 책, 330면.

61) Feuerbach, Lehrbuch des gemeinen in Deutschland gültgen peinlichen Rechts, 11. Aufl., 1832, S.180ff.; Haffke, Tiefenpsychologie und Generalprävention, 1976, S.81.

62) 박세일, 앞의 책, 331면.

을 원하지 않을 때 해제조건부 불가벌인 반의사불벌죄 조치는 법정책적으로 고려될 수 있으나, 보험 또는 공제 가입을 조건으로 아예 공소권 봉쇄와 같은 조치를 취하는 특례는 잘못된 법정책 임에 틀림없다.

자동차 운전자들에게 보험 또는 공제 가입을 강제하는 자동차손해배상보장법은 산업재해보상보험법과 마찬가지로 사고방지로 인한 기대이익과 사고방지를 위한 기대비용이 동일인에게 귀속되지 아니하고, 사적 비용과 사회적 비용, 사적 수익과 사회적 수익의 괴리 문제를 수반한다는 데 중점이 있다. 따라서 그 틈새를 파고 들어가 행위자로 하여금 사회적 비용을 증대시키지 않도록 미연에 주의의무를 다하게 하는 강제적 입법조치가 필요하다. 더 나아가 부주의로 인한 사고가 타인의 법익을 침해하는 반사회성을 지닐 때, 그것을 단순한 사고의 범주가 아닌 범죄의 범주로 인식하고, 국가적·사회적 차원에서 범죄통제의 일환으로 대응하는 형사정책적 대응노력이 필요하다.

형법이 시민적 불법행위법 외에, 그리고 형벌제도가 손해배상제도 외에 사회적으로 필요한 것은 사법(私法)적 배상제도만을 가지고 사회유해적인 법익위해행위를 통제하는 데 한계가 있기 때문이다. 대부분의 사람들은 법적 행위규범(금지 또는 명령규범)과 제재규범이 없어도 양심과 공공의 질서의 빛에 비추어 살아가기 때문에 제재수단의 투입이나 정도가 그들의 행위에 그다지 큰 영향을 미치지 않을 수 있다. 그러나 사회적 정상성의 경계에 놓여 있는 소수의 사람들에게는 제재 수준의 변화가 큰 영향을 미칠 수 있다.

범죄자들도 이해타산에 친숙한 지적 능력을 갖고 있고, 범죄로 인하여 얻을 수 있는 이익과 처벌로 인하여 얻을 수 있는 불이익 사이를 교량하고 선택할 수 있는 합리적인 결정능력도 갖고 있다. 과실범의 경우에도 잠재적으로 이와 같은 능력이 작동한 결과임에 틀림없다. 다만 사회윤리적 심정이나 도덕적 의식이 제대로 작동하지 않았을 뿐이다.

범죄자들도 이해득실을 가리는 타산적 인간이라면, 범죄행위에서 얻을 수 있는 기대이익에서 기대비용을 제한 기대순이익의 극대화를 꾀할 것이다. 따라서 범죄예방은 이 같은 기대순이익의 산출을 억지하는 장치를 통해 기대비용과 기대손실의 확률을 높이는 데 있다. 범죄의 기대비용은 직접비용, 기회비용, 기대처벌비용으로 분류하기도 하지만, 가장 중요한 통제요소는 기대처벌비용이다.[63] 여기에서 기대처벌비용은 처벌의 강도와 처벌의 개연성이다. 후자, 즉 처벌받을 확률은 ① 체포될 확률, ② 기소될 확률, ③ 유죄판결을 받을 확률로 구성된다. 어쨌거나 기대처벌비용이 늘어나면 범죄의 기대순이익은 감소되어 범죄행위를 줄이는 효과가 나타날 수 있다는 점이다.[64] 그 밖의 범죄예방책으로는 준법정신과 사회화를 위한 사회정책과 사회교육의 강화가 될 것이다.

요컨대 범죄통제의 효율성을 위해서는 처벌의 강도와 처벌의 확률을 어떻게 짜맞추어야 하느냐가 관건이다. 범죄통제에서 국가권력과 범죄인을 대칭시키는 쌍방향 관점에서 보면, 처벌의 확률은 최저수준으로 낮추고 처벌의 강도는 최고수준으로 높여야 한다는 주장이 있을 수 있다. 범죄자들은 일반적으로 위험기피 인물이므로, 낮은 확률과 높은 처벌 쪽을 싫어하기

63) 박세일, 앞의 책, 397면.

64) 박세일, 앞의 책, 398면.

때문에 이것이 높은 확률과 낮은 처벌 쪽보다 범죄억지효과가 크다는 이유 때문이다.[65]

하지만 범죄통제에서 국가권력과 범죄인 그리고 범죄피해자를 정립(鼎立)시키는 관점에서 보면, 잠재적 피해자들의 위험부담비용을 낮추기 위해 처벌확률을 높이고 처벌강도를 낮추는 것이 바람직하다. 최근의 법경제학적 범죄연구 결과에 따르면 중한 범죄의 경우에는 처벌의 강도가, 경한 범죄의 경우에는 처벌의 확률이 범죄예방에 더 효과적이라는 주장이 있는가 하면, 처벌의 확실성이 처벌의 강도보다 범죄억지력이 크다는 실증적 연구결과도 나타났다. 지난 80년대까지 있었던 통행금지조치는 그 위반에 대한 처벌은 미미한 경범죄 수준이었지만, 처벌의 확실성 때문에 그 억지력이 높았던 것이 사실이다. 범죄 전반에 걸쳐 우선 처벌의 강도보다 처벌의 확실성이 전제되어야만 기대처벌비용의 증대효과를 실감하게 되고, 그로 인한 범죄억지효과도 산출될 수 있을 것으로 기대된다.

이상의 관점으로부터 교특법상 특례조치, 특히 공소권 봉쇄조치(제4조 제1항 본문)로 눈을 돌려보기로 하자. 보험과 공제가입을 전제로 공소권 발동을 차단한 이와 같은 특례조치는 범죄정책의 기본방향에서 볼 때, 불합리할 뿐만 아니라 입법자의 자의가 엿보이는 대목이 아닐 수 없다. 보험 또는 공제에 가입한 운전자들에게 위험기피적인 성향에서 위험중립적 내지 위험선호적인 무모한 운전으로 나아가도록 부추기는 효과가 있을 뿐 아니라, 처벌의 확률을 극소화시켜 기대처벌비용을 감소시키고 범죄기대이익을 높이는 영향도 미치기 때문이다.

65) 박세일, 앞의 책, 411면.

교특법 발효 30년이 가까워오는 현재의 시점에서 우리 사회의 교통문화를 점검해 볼 필요를 느낀다. 교특법상의 이 같은 특례조치가 영향을 미친 규범준수의식 약화가 교통사고 증가를 낳는 데 일조했으리라는 높은 개연성 때문이다.

우선 교특법이 제정되기 전 자동차 등록대수는 1980년 527,729대, 1981년 571,754대였다. 교특법이 발효된 1982년에는 획기적인 증가를 보여 1,057,282대에 달했다. 그 후 매년 약 30만대씩 증가하여 1987년 2,535,562대에 이르렀고, 그후 매년 약 100만대씩 증가하여 1992년 6,993,939대에 이르렀다. 1995년 최초로 10,739,799대에 이르렀고, 1997년 12,966,096대, 2002년 15,657,897대, 2007년 18,213,228대, 2009년 19,145,939대에 달하였다. 이 같은 증가추세라면 2010년 2천만대에 육박하리라고 예상된다.[66]

〈자동차 등록현황〉

연 도	전체 (대)	사륜자동차 (대)	이륜자동치 (대)
1980	527,729	527,729	자료없음
1981	571,754	571,754	자료없음
1982	1,057,282	646,996	410,286
1983	1,314,119	785,316	528,803
1984	1,588,616	948,319	640,297
1985	1,824,872	1,113,433	711,439
1986	2,121,783	1,309,434	812,349
1987	2,535,562	1,611,375	924,187

66) 국토해양부 홈페이지(www.mltm.go.kr) 통계자료 참조.

1988	3,102,289	2,035,448	1,066,841
1989	3,847,978	2,660,212	1,187,766
1990	4,780,050	3,394,803	1,385,247
1991	5,824,220	4,247,816	1,576,404
1992	6,993,939	5,230,894	1,763,045
1993	8,210,353	6,274,008	1,936,345
1994	9,513,836	7,404,347	2,109,489
1995	10,739,799	8,468,901	2,270,898
1996	11,990,882	9,553,092	2,437,790
1997	12,966,096	10,413,427	2,552,669
1998	13,082,879	10,469,599	2,613,280
1999	13,059,403	11,163,728	1,895,675
2000	13,887,805	12,059,276	1,828,529
2001	14,614,715	12,914,115	1,700,600
2002	15,657,897	13,949,440	1,708,457
2003	16,316,988	14,586,795	1,730,193
2004	16,662,555	14,934,092	1,728,463
2005	17,123,540	15,396,715	1,726,825
2006	17,643,159	15,895,234	1,747,925
2007	18,213,228	16,428,177	1,785,051
2008	18,608,618	16,794,219	1,814,399
2009	19,145,939	17,325,210	1,820,729

※ 국토해양부 홈페이지(www.mltm.go.kr) 통계자료

자동차 보유대수 2천만 시대가 불과 30여년이 채 안 되어 도래했다. 이와 같은 자동차 내수시장의 활성화에는 교특법의

특례조치가 한 몫을 했으리라는 점을 어렵지 않게 짐작할 수 있을 것이다. 보험과 공소권 봉쇄조치의 연계가 자동차운전이 갖고 있는 위험부담과 위구감을 감소시켰고, 그 결과 위험기피적인 성향의 사람들조차 도로교통에 운전자로 참여할 담력을 얻게 된 것으로 보인다. 물론 이것은 주관적 요인일 수밖에 없다. 자동차산업의 활성화와 자동차 수요증대는 국민경제의 신장이라는 객관적 요인이 더 크게 작용한 결과라고 해석해야 할 터이기 때문이다.

이어서 손해보험협회의 자동차 보험사고 통계자료를 분석해 보기로 한다. 1992년도에 사고건수 210,409건, 사망자 19,361명, 부상자 489,796명 도합 509,157명, 자동차대수 대 사고건수 비율(사고율) 4.2%에서 점차 하향세를 유지하던 자동차 보함사고는 1995년도에 이르러 사고건수 263,426건, 사망자 11,068명, 부상자 358,966명, 도합 370,034명에 자동차대수 대 사고건수 비율 3.3%로 최저점을 형성한 뒤, 다시 상승기류를 타기 시작했다. 즉 1997년도 사고건수 312,062건, 사망자 9,516명, 부상자 439,816명 도합 449,332명, 사고율 4.1%에 이른 뒤, 2000년도 사고건수 543,789건, 사망자 7,868명, 부상자 792,936명, 도합 800,804명, 사고율 4.7%로 상승했고, 2003년도에 이르러 사고건수 717,028건, 사망자 5,911명, 부상자 1,075,673명, 도합 1,081,584명, 사고율 5.2%로 급상승하기 시작했다. 그 후 사고율은 5%대에서 완만한 상승세를 나타내다가 2007년도에 이르러 사고건수 928,782건, 사망자 4,539명, 부상자 1,414,538명, 도합 1,419,077명, 사고율 6.0%에 진입했다.[67]

---

67) 손해보험협회 통계자료 참조.

〈자동차보험사고 통계〉

구분	사고건수	사망자	부상자	사상자	사고율 (사고건수/자동차대수)
1992	210,409	19,361	489,796	509,157	4.2%
1993	244,517	10,484	327,554	338,038	4.0%
1994	278,658	11,407	374,424	385,831	4.0%
1995	263,426	11,068	358,966	370,034	3.3%
1996	303,572	10,978	420,243	431,221	3.3%
1997	312,062	9,516	439,816	449,332	4.1%
1998	325,991	7,843	461,839	469,682	3.2%
1999	446,438	7,757	638,478	646,235	4.2%
2000	543,789	7,868	792,936	800,804	4.7%
2001	569,963	6,441	838,639	845,080	4.7%
2002	613,879	6,100	906,394	912,494	4.7%
2003	717,028	5,911	1,075,673	1,081,584	5.2%
2004	741,674	5,148	1,123,665	1,128,813	5.3%
2005	807,062	4,868	1,229,232	1,234,100	5.6%
2006	861,040	4,800	1,316,947	1,321,747	5.8%
2007	928,782	4,539	1,414,538	1,419,077	6.0%

※ 손해보험협회 통계자료

이 통계자료를 보면, 1992년 이후 최근까지 우리나라 자동차 보험사고는 지속적으로 증가세를 나타내고 있고, 자동차대수 대 사고건수를 비교한 사고율도 1998년 이후 2007년까지 10여년 지속적으로 증가하고 있음을 알 수 있다. 교통사고로 인한 사망자 수는 1992년을 최절정으로 그 후 지속적인 감소세를 나타내고 있다. 1997년도에 처음으로 1만명 이내의 사망자 수에 진입한 후 하향감소세를 지속하다가 2003년도에는 5

천명 대로 낮아졌고, 2005년도 이후 4천명대로 낮아졌다. 하지만 부상자 수는 1993년도에 327,554명으로 최저점을 찍은 뒤, 1996년도에는 420,243명, 1999년도에는 638,478명, 2000년도에는 792,936명, 2001년도에는 838,639명, 2002년도에는 906,384명, 2003년도에는 드디어 1백만명 이상의 부상자 증가를 기록하였다. 그 후로도 2004년도 1,123,665명, 2005년도 1,229,232명, 2006년도 1,316,947명, 2007년도 1,414,538명으로 매년 10만명대의 증가세를 나타내고 있다.

사고건수와 부상자 수 그리고 사고율의 지속적인 증가세에도 불구하고 사망자 수의 지속적인 감소추세가 일반적인 경향으로 나타난 것은 다면적인 분석이 필요한 소재임이 틀림없다. 하지만 교특법의 특례조치와 관련하여 필자는 다음과 같은 추론이 가능하지 않을까 생각한다. 즉 업무상 과실·중과실 치상죄에 대해서는 일정한 조건하에 반의사불벌(동법 제3조 제2항) 또는 공소권봉쇄(동법 제4조 제1항)의 특례조치가 적용된다는 사실 때문에 사회심리적으로 도로교통에 참여하는 운전자들, 특히 보험이나 공제에 가입한 운전자들의 안전운전불감증을 부추겼을 개연성이 높은 반면, 업무상 과실·중과실 치사죄에 대해서는 애당초 이 같은 특례조항 적용이 배제되어 있기 때문에 교통참여운전자들의 의식저변에 '큰 사고를 내면 큰일난다'는 잠재의식이 깔려 있어, 대형사고에 대한 주의의무이행의 철저화를 유도했을 개연성이 높아 보인다는 사실이다.[68]

끝으로 경찰청에 신고되어서 집계한 교통사고 발생건수와

---

68) 물론 의료시설과 의료기술의 획기적인 발전과 첨단통신장비에 의한 응급대처시스템의 활성화가 사망사고율의 감소에 기여했을 것이라는 추론도 가능하다.

사상자에 관한 통계자료를 분석해 보기로 한다.

우선 교특법이 제정되기 전인 1980년과 1981년부터 살펴보면, 1980년도에는 교통사고 총 발생건수 120,182건, 사망자 5,668명, 부상자 111,641명이었고, 1981년도에는 교통사고 발생건수 123,373건, 사망자 5,864명, 부상자 115,289명이던 것이, 교특법이 발효된 1982년에 이미 획기적인 증가를 보여 사고건수 141,218건, 사망자 6,110명, 부상자 130,605명에 달했다. 교특법 발효 5년 뒤인 1987년에는 사고건수 175,661건, 사망자 7,206명, 부상자 222,701명으로서 부상자 수 20만명대에 진입한 것으로 나타났다. 교특법 발효 10년 뒤인 1992년에는 사고건수 257,194건, 사망자 11,640명, 부상자 325,943명에 이르렀다.

2000년에 이르러 사고건수 290,481건, 사망자 10,236명, 부상자 426,984명으로 최고조에 달한 뒤 감소추세로 돌아선 것을 알 수 있다. 즉 교특법 시행 20년 뒤인 2002년에는 사고건수 231,026건, 사망자 7,222명, 부상자 348,149명이었으며, 26년 뒤인 2008년에는 사고건수 211,662건, 사망자 6,166명, 부상자 335,906명이었다가, 2009년에 이르러 다시 사고건수 231,990건, 사망자 5,838명, 부상자 361,875명에 달해 사망자 수는 약간 감소했으나 사고건수와 부상자 수는 다시 대폭 증가한 것으로 나타났다.[69]

69) 도로교통공단(www.rota.or.kr) 통계자료 참조.

〈교통사고 사상자 통계〉

연 도	교통사고 총 발생 건수 (건)	교통사고 사망자 인원 (명)	교통사고 상해자 인원 (명)
1980	120,182	5,608	111,641
1981	123,373	5,804	115,289
1982	141,218	6,110	130,605
1983	170,026	6,834	152,572
1984	134,335	7,468	170,377
1987	175,661	7,206	222,701
1992	257,194	11,640	325,943
1993	260,921	10,402	337,679
1994	266,107	10,087	350,892
1995	248,865	10,323	331,747
1996	265,052	12,653	355,962
1997	246,452	11,603	343,159
1998	239,721	9,057	340,564
1999	275,938	9,353	402,967
2000	290,481	10,236	426,984
2001	260,579	8,097	386,539
2002	231,026	7,222	348,149
2003	240,832	7,212	376,503
2004	220,755	6,563	346,987
2005	214,171	6,376	342,233
2006	213,745	6,327	340,229
2007	211,662	6,166	335,906
2008	215,822	5,870	338,962
2009	231,990	5,838	361,875

※ 교통사고 통계(경찰청 발간자료), 도로교통공단(www.rota.or.kr) 통계자료

이상의 통계자료에서 특이한 현상은 우리나라 자동차 보험사고는 꾸준히 증가하고 있는 반면, 경찰청에서 집계하고 있는 교통사고 신고건수는 최근 들어 감소추세를 나타내고 있다는 점이다. 생각건대 경찰청 통계자료에서 사고건수가 감소하고 있는 현상은 실제 교통사고가 줄어든 때문이 아니라, 경찰의 인력부족과 업무과다로 인한 부실처리의 나쁜 인상 때문에[70] 이미 일반 교통사고 당사자들이 경찰력에 대한 사건발생 신고 기피와 보험회사를 통한 직접 해결을 선호하는 경향에 그 원인이 있을 것으로 추정된다.[71]

이상의 논의에서 필자는 교특법 시행 30여 년이 가까워오는 이 시점에서 교특법의 제자리 매김에 관한 근본적인 검토를 필요로 하는 상황들을 도처에서 확인할 수 있었다. 이미 언급한 바대로 입법자는 교통사고로 인한 피해의 신속한 회복촉진과 국민생활 편익증진을 목적으로 이들 특례를 정했다고 하지만, 이와 같은 목적은 이 특례가 없더라도 이미 자동차손해배상보장법(특히 제5조)이 자동차운전자의 보험가입을 강제하고

---

70) 이것은 일반시민들의 오해나 불신일 수 있지만, 공권력에 대한 일반시민의 불신 및 신뢰도는 이와 같은 통계자료의 간극을 메우는 유용한 도구가 될 수 있다.

71) 2007. 5. 9.자 주간동아는 지방경찰청간 교통사고 줄이기 실적 순위경쟁으로 인해 교통사고 사망자 수를 실제보다 적게 보고한 자료를 기초로 포상했다가 감사원에 적발된 사실을 보도한 바 있고, 2008. 1. 30.자 문화일보도 매년 보험사에 접수되는 사고건수 급증과 달리 경찰조사에서 교통사고 감소세가 나타나는 것은 경찰이 교통사고 통계를 왜곡하고 있음에 기인한다고 보도한 바 있다. 이를 바탕으로 경찰의 교통사고 통계 왜곡을 추정한 연구보고서로는 법무법인(유) 태평양, 「교통사고처리특례법 개선방안에 대한 검토」, 2008. 8, 8면 참조.

있는 법제도로써 충분히 커버할 수 있는 형편이다. 오히려 그들 특례로 인하여 야기되는 교통사고 증가로 인한 천문학적인 사회적 비용과 기회비용 등의 사회적 손실을 감안한다면 법규범의 신호체계를 교란시키는 교특법의 자의적인 특례조항은 폐기되어야 할 단계에 이르렀다고 판단하는 바이다.

5. 현상유지론과 그에 대한 반론

위에서 이미 교특법 특례조항들의 개정 또는 폐지의 필요성에 관하여 다면적인 검토를 시도한 바 있다. 그러나 교특법 시행 30년이 가까워오는 동안 이미 자동차운전자들은 교특법 특례조치의 틀 안에 익숙해졌고, 그의 개정 또는 폐지는 익숙해진 습관을 뜯어고치려는 강압조치처럼 불안하고 불편한 느낌을 불러일으켜 자연스레 거부감을 갖게 해준다는 사실이다. 더욱이 이미 자동차 2천만 대에 육박한 현재의 상황에서 자동차 운행은 생활의 중요한 일부를 구성할 뿐만 아니라, 신체의 연장된 일부분인양 이미 현대인의 삶에서 의식과 행동을 지배하는 그 무엇처럼 친숙해져 있다.

지난 30여 년간 교특법은 보험제도의 정착을 통한 교통사고 피해의 신속한 회복을 위해 제정된 실험적 성격의 법률이었다. 하지만 그 사이 자동차손해배상보장법 및 보험업법 등의 완비와 국민경제의 고도성장으로 인하여 자동차보유자 및 운전자들의 보험가입률은 2008년 현재 88.4%로서 안정적인 증가세로 굳어져, 현실적으로 그 목적을 달성한 상태이다. 반면 교통사고율의 꾸준한 증가세와 특히 교통사고 부상자들의 증가추세는 막대한 사회적 비용을 증대시키고 있다. 최근 수년간 운전자들이 납부하여 보험회사가 거두어들이는 보험료수입액의 70% 이상이 보험금으로 지급되고 있다. 최근 5년간 교통사고로 인한 순수보험금 지급액은 총 31조원을 훨씬 넘어섰다.

〈자동차보험금 지급액〉

연 도	2004	2005	2006	2007	2008
보험료 수입액(억원)	72,498	75,677	84,339	94,607	100,600
보험금 지급액(억원)	52,798	57,991	65,899	69,277	70,446

※ 경찰청 도로교통안전백서, 2009.

교통사고로 인해 보험회사가 직접 지급한 보험금 지급액 외에 인명손실에 의한 생산활동 손실 등 추가적인 비용도 천문학적 규모에 달해 2008년도에는 교통사고로 인한 인적 손실비용, 차량수리비용, 교통경찰비용, 보험행정비용 등 총 10조 8,135억원이 발생한 것으로 나타났다.

〈도로교통사고 비용(2008년도)〉 (단위: 억원)

구 분	인 적 피해비용	물 적 피해비용	교통경찰 비 용	보험행정 비 용	합 계
비 용	39,296	59,516	2,699	6,623	108,135

※ 도로교통공단, 2008년 도로교통사고 비용의 추계와 평가, 2009.

이와 같은 교통사고율과 사고피해액의 증대는 교특법 제3조 제2항 본문의 반의사불벌죄 특례조치 그리고 제4조 제1항 본문의 공소권봉쇄라는 특례조치가 난폭운전·무모한 운전에 대해서도 법적 책임을 지지 않는다는 인식을 심어주어 인명존중의식을 저해하고 운전자의 무책임한 방종을 부추기는 역기능을 하고 있는 데도 그 일단의 원인이 있지 않은가하는 의구심을 자아낸다.[72]

따라서 앞으로 교통질서 준수의 생활화로 교통문화의 선진화를 앞당기기 위해서는 반의사불벌이나 보험 또는 공제 가입으로 인한 공소권봉쇄 특례조항 등 특례조치는 폐지하는 것이 타당하다는 주장이 점차 설득력을 얻어가고 있다.[73]

그 사이 시민여론도 교특법상의 공소권봉쇄 특례조치에 대한 반대여론이 우세한 것으로 나타난 바 있다. 사단법인 녹색교통운동에서 2004. 7. 24. ~ 7. 29. 전국 7개 대도시(서울, 부산, 인천, 대전, 광주, 대구, 울산)의 만 20세 이상 남녀 519명을 대상으로 지역별, 성별, 연령별, 인구비례에 따라 할당된 면접원의 직접면접조사 결과에 따르면 높은 교통사고율의 가장 큰 원인은 국민의 준법정신 미비와 안전불감증 47.1%, 형사처벌 여부가 교통사고예방에 영향을 미침 71.1%, 대인사고 가해자들에 대한 처벌강화 필요 46.6%로 나타났다. 또한 위 설문조사에서 교통사고 당사자 사이에 합의가 있으면 공소를 제기할 수 없도록 한 것은 적절함 59.5%인 반면 종합보험 가입시 공소권봉쇄는 부당함 79.7%에 이르러, 교특법 제3조 특례(반의사불벌)보다 교특법 제4조 특례(공소권봉쇄)에 대한 반대가 훨씬 높은 것으로 나타났다.

72) 경제·인문사회 연구회, 제3회 국정과제 공동세미나 자료집, 2010. 4. 28., 37면 이하 참조.

73) 녹색교통운동, 교특법 개선방안 연구, 2004. 10, 88면; 국회교통안전포럼, 교특법 개선방안, 2009. 4. 22, 51면; 교통안전공단, 녹색교통안전시책추진을 위한 정책토론회, 2009. 10. 27, 5면; 경제・인문사회연구회, 제3회 국정과제 공동세미나 자료집, 2010. 4. 28, 43면 참조.

다른 한편, 교통문화운동본부에서 2007. 4. 2. ~ 4. 7. 전국 성인남녀 500명을 대상으로 한 설문조사결과에서도 교통사고 야기자에 대한 처벌강화 필요 66.4%, 형사처벌시 교통사고에 대한 운전자의 주의의무가 증대할 것임 66.8%, 교통사고 예방을 위해 교특법 개정 필요 83.2%라는 여론이 확인된 바 있다.[74]

이와 같은 여론조사 결과는 피면담자들이 자신을 잠재적 피해자로 상정한 결과 가해자에 대한 엄벌주의적 색채를 드러낸 것이 아닌가라는 추정이 가능하다. 또한 이러한 조사결과는 기분과 감정의존도가 높은 우리사회에서 교통사고 피해자가 보험을 통한 원상회복 외에 가해자의 피해자와 법공동체에 대한 직접적인 사죄를 기대하고 요구하는 평균적 정서를 반영하고 있다고 보아도 좋을 것이다.

하지만 피면담자들을 잠재적 가해자의 위치에 올려놓고 동일한 질문을 던진다면 응답의 양상이 사뭇 달라질 개연성이 높아 보인다. 이것이 그 동안 5공의 악법청산작업을 거쳐왔음에도 불구하고 아직까지 우리나라 입법자들이 권위주의 시대의 실험입법 성격을 지닌 교특법의 특례조항을 폐지하지 못하는 이유가 아닐까 추론해 볼 수 있을 것이다.

아직도 만만찮은 이른바 현상유지론의 입장이 여기에서 문제될 수 있다. 즉 ① 보험가입 특례조항 폐지시 일반국민의 기존 법의식 혼란과 법적 안정감의 손실을 유발할 수 있고, ② 형사처벌에 대한 운전자의 심리적 궁박상태를 악용한 피해자들의 과도한 손해배상금 요구와 그로 인한 부작용의 우려, ③ 교

74) 법무법인 태평양, 교통사고처리특례법 개선방안에 대한 검토, 2008. 8., 14면 이하에서 재인용.

통사고 발생시 경찰에의 신고가 일반화되고, 그에 따라 전과자 양산 및 사법기관의 업무폭주라는 문제점을 야기할 수 있다는 점이다. 이것이 또다른 사회비용의 증가를 가져올 수 있음은 두말할 여지도 없다. 더 나아가 ④ 위험중립적·위험선호적 계층의 위험기피화에 대한 두려움도 현상유지론의 한 근거가 될 수 있다. 특히 사회적 신분의 status quo 상실에 대한 두려움이 관료사회나 공무원조직 내에서 합리적이고 진취적인 개혁논의에 대한 암묵적인 제동 요인이 될 수 있다. 끝으로 ⑤ 자동차 내수시장과 보험산업의 위축에 대한 우려도 완전히 불식된 것이 아니라는 점이다.

그러나 이와 같은 현상유지론에 대하여는 다음과 같은 반론도 가능하다:

첫째, status quo 상실에 따른 운전자들의 혼란과 법적 안정성 상실은 일시적인 착시현상에 지나지 않는다는 점이다. 보험가입 특례조항을 폐지하되 일정기간 시험적인 유예기간을 두어 이 유예기간동안 새로운 틀의 교통안전문화 및 제도가 연착륙할 수 있도록 관련기관의 공동노력하에 사회정책적 프로그램을 투입한다면,[75] 이 같은 일시적인 혼란은 유예기간을 지나면서 곧 극복될 수 있으리라고 본다.

둘째, 악덕 피해자의 과도한 손해배상금 청구위험 등도 치명적인 위험의 성격을 갖는 것은 아니다. 공식적·비공식적인 형사조정위원회의 가동이나 적절한 공탁제도를 통해 합리

---

75) 예컨대, 검·경의 상호간 유기적인 협조체계 구축, 교통사고 조사 전문화·과학화, 간편처리절차 및 교통사고 조정위원회 신설 그리고 양형기준표 제정 공표, 교통범죄의 형사사법절차전자화촉진법의 규율대상화 입법개정 등.

적으로 해결할 수 있기 때문이다. 피해회복에 상당한 금원을 공탁하는 경우나 사고피해 회복을 위해 노력한 것을 입증하는 경우, 그 정도에 따라 감경적 양형처분을 할 수 있는 영형기준을 마련함으로써 사고운전자들의 형사처벌 중압감을 악용하는 사례를 견제·예방할 수 있는 우회적 방도가 고려될 수 있다.[76)]

셋째, 전과자 양산 및 사법기관의 업무증가도 정도의 문제일 뿐 합리적인 해결책이 전혀 없는 것이 아니다. 우선 경미한 사고에 대해서는 처벌을 면제하는 조건으로 피해자와 합의 내지 원상회복의 합리적인 통로를 제도화함으로써 해결할 수 있다. 더 나아가 형사사법절차전자화촉진법의 규율대상에 약식명령사건 외에도 정형화된 교통범죄를 포함시켜 통합형사사법절차를 활용하는 방안, 피해자의 상해정도가 일정 기준 이하인 경미한 사고이고, 운전자가 피해자에게 손해를 배상하였거나 피해자와 합의가 이루어져 처벌의 필요성이 크지 않을 경우, 경찰이 별도의 간략한 서식에 의해 사고조사와 사건송치를 할 수 있게 하는 이른바 간편처리절차제도를 일본처럼 도입하는 방안, 경미한 정도를 넘는 사고는 교통사고조정위원회에서 당사자 사이의 화해를 유도하여 다이버전(Diversion) 방식으로 문제를 해결하는 방안 등을 제도화함으로써 형사재판을 거쳐 형벌이 부과되는 업무량을 최대한 감축시킬 수 있을 것이다.

76) 이 경우 공탁금의 적정성이 문제인데, 일반적인 합의금 수준보다 높게 책정하여, 피해자와의 원만한 합의노력보다 공탁금 제도를 악용하는 사례를 방지할 필요가 있다.

6. 헌재의 위헌결정과 그 파장

교특법 제4조 제1항은 "교통사고를 일으킨 차가 「보험업법」 제4조 및 제126조부터 제128조까지, 「여객자동차운수사업법」 제60조·제61조 또는 「화물자동차운수사업법」 제51조에 따라 보험 또는 공제에 가입된 경우에는 제3조 제2항 본문에 규정된 죄를 범한 당해 차의 운전자에 대하여 공소를 제기할 수 없다. 다만 다음 각 호의 어느 하나에 해당하는 경우에는 그러하지 아니하다<개정 1984. 8. 4., 1997. 8. 30., 2003. 5. 29., 2008. 3. 21., 2010. 1. 25.>.

1. 제3조 제2항 단서에 해당하는 경우
2. 피해자가 신체의 상해로 인하여 생명에 대한 위험이 발생하거나 불구(不具) 또는 불치(不治)나 난치의 질병에 이르게 된 경우
3. 보험계약 또는 공제계약이 무효 또는 해지되거나 계약상의 면책규정 등으로 인하여 보험회사, 공제조합 또는 공제사업자의 보험금 또는 공제금 지급의무가 없게 된 경우"

라고 규정하고 있다.

여기에서 교특법 제4조 제1항 제2호는 2009. 2. 26. 선고된 헌재의 교특법(2003. 5. 29. 법률 제6891호로 개정된 것) 제4조 제1항 본문 중 업무상 과실 또는 중대한 과실로 인한 교통사고로 말미암아 피해자로 하여금 중상해에 이르게 한 경우에 공소를 제기할 수 없도록 규정한 부분은 헌법에 위반된다는 결정(2005헌마764, 2008헌마118병합)에 따라 2010. 1. 25.자로 신설된 내용이다.

헌재는 2009. 2. 26. 관여 재판관 7(일부인용) : 2(기각)의 의견으로 위와 같은 취지의 교특법 일부위헌결정을 내리면서 동시에 종전 구 교특법(1984. 8. 4. 법률 제3744호로 개정되고, 1997. 8. 30. 법률 제5408호로 개정되기 이전의 것) 제4조 제1항이 헌법에 위반되지 아니한다고 판시한, 헌재 1997. 1. 16. 90헌마110 등의 결정을 이 사건 결정과 저촉되는 범위 안에서 이를 변경한다는 입장을 표명했다.

2009. 2. 26자 헌재의 교특법 제4조 제1항 본문 공소권봉쇄조치의 일부위헌결정 이유는 다음과 같다:

첫째, 이 법률조항은 과잉금지원칙에 위반하여 업무상 과실 또는 중대한 과실에 의한 교통사고로 중상해를 입은 피해자의 재판절차진술권을 침해한 것이라는 점이다.

교통사고로 중상해, 즉 신체상해로 생명에 대한 위험이 발생하거나 불구나 불치 또는 난치의 질병에 이르게 된 경우, 교특법 시행 이전의 통상적인 사건처리의 예는 정식기소, 그것도 구속기소에 해당하는 것이었다. 물론 사고발생 경위, 운전자의 회피노력, 피해자의 유발원인 등을 참작하여 예외적으로 불구속기소, 약식기소 또는 기소유예 등 처분이 가능하다. 만약 정식 기소된 경우에는 피해자가 재판절차진술권을 행사할 수 있어야 한다. 그러나 교특법 제4조 제1항 본문은 가해차량이 종합보험에 가입하였다는 이유로 교특법 제3조 제2항 단서조항에 해당하지 않는 한 무조건 면책되도록 한 것은 기본권 침해의 최소성에 위반된다는 것이다.

헌재는 이에 덧붙여 위와 같은 특례제도는 선진 각국의 어느 나라에서도 그 유례를 찾기 힘든 제도라는 점, 가해자는 자칫 사소한 교통법규위반을 대수롭지 않게 여겨 운전자로서 요구되는 안전운전에 대한 주의의무를 해태하기 쉽다는 점, 교통사고로 피해자가 중상해를 입은 경우에도 보험금지급 등 사고처리를 보험사에 맡기고 피해자의 실질적 피해회복에 성실히 임하지 않는 풍조가 있다는 점 등을 들어 이 특례제도는 교통사고의 신속한 처리 또는 전과자 양산 방지라는 공익을 내세워 피해자의 사익이 현저히 경시된 경우로서 법익의 균형성을 잃고 있다고 판단했다.

그 결과 이 특례조항은 과잉금지원칙에 위반하여 업무상과실 또는 중과실에 의한 교통사고로 중상해를 입은 피해자의 재판절차진술권을 침해한 것이라는 결론이다.

둘째, 이 사건 법률조항으로 인하여 단서조항에 해당하지 아니하는 교통사고로 중상해를 입은 피해자를 단서조항에 해당하는 교통사고 중상해 피해자 및 사망사고 피해자와 재판절차진술권의 행사에서 달리 취급하는 것은, 단서조항에 해당하지 않는 교통사고로 중상해를 입은 피해자들의 평등권을 침해하는 것이라는 점이다.

교특법 제3조 제2항 단서조항에 해당하지 않는 교통사고로 인하여 중상해를 입은 피해자는 자신에게 발생한 교통사고 유형이 이 단서조항에 해당되지 않는다는 우연한 사정 때문에 형사재판에서 진술권을 행사하지 못하게 되는데, 이는 역시 우연히도 단서조항에 해당하는 교통사고를 당한 중상해 피해자가 재판절차진술권을 행사할 개연성이 높은 것과 비교해 볼 때, 일응 합리적인 이유 없이 차별취급을 당한 것이나 진배없다는 것이다.

더 나아가 교통사고로 중상해를 입은 결과, 식물인간이 되거나 평생 심각한 불구 또는 난치의 질병을 안고 살아가야 하는 피해자의 경우, 그 결과불법이 사망사고보다 결코 작다고 단정할 수 없으므로, 교통사망사고와 달리 교통중상해 사고시 가해운전자를 기소하지 않음으로써 그 피해자의 재판절차진술권을 제한한 것도 합리적인 이유 없는 차별대우라는 것이다.

그 결과 이 특례조항으로 인하여 교특법 제3조 제2항 단서조항에 해당하지 않는 교통사고로 중상해를 입은 피해자를 단서조항에 해당하는 교통사고로 중상해를 입은 피해자 및 사망사고 피해자와 재판절차진술권 행사에서 달리 취급하는 것은 이 단서조항에 해당하지 않는 교통사고 중상해 피해자들의 평등권을 침해한 것이라는 점이다.

물론 이 위헌결정의 법리적 논거의 배후에 일관되게 흐르는 기조는 피해자의 기본권(재판절차진술권과 평등권)임을 알 수 있다. 교통사고 피해자의 관점에서 들여다 볼 때, 교통사고 가해자 위주의 교특법상 특례조항은 위헌소지가 여기저기 산재해 있음을 알 수 있다. 그러나 헌재의 이 위헌결정이 피해자보호의 관점에 얼마나 충실했는지는 의문의 여지가 없지 않아 보인다. 우선 다음과 같은 헌재의 입장 때문이다:

첫째, 교특법 제4조 제1항 본문의 특례가 교통사고로 피해자에게 중상해가 아닌 보통상해의 결과만을 야기한 경우, 가해운전자에게 가해차량이 종합보험 등에 가입되어 있음을 이유로 공소를 제기하지 못하도록 규정한 한도 내에서만 보면 그 제정목적상의 공익과 이 특례로 침해되는 피해자의 재판절차진술권이라는 사익이 상당한 정도로 균형을 유지하고 있어 과잉금지원칙에 반하지 않는다는 것이다.

단서조항에 해당하지 않는 교통사고의 경우 대부분 가해운전자의 주의의무태만에 대한 비난가능성이 높지 않고, 경미한 교통사고 피의자에 대하여는 비형벌화하는 세계적인 추세 등에 비추어 볼 때에도 위와 같은 목적의 정당성, 방법의 적절성, 피해의 최소성, 이익의 균형성을 갖추었기 때문이라는 것이다.

둘째, 이 사건 특례조항은 중상해가 아닌 보통상해의 경우 국가의 기본권보호의무의 위반여부에 관한 심사기준인 과소보호금지의 원칙에 위반한 것은 아니라는 점이다.

국민의 신체와 생명에 대한 국가의 보호의무는 교통과실범의 경우 발생한 침해에 대한 사후처벌보다, 우선적으로 운전면허취득에 관한 법규 등 전반적인 교통관련법규의 정비, 운전자와 일반국민에 대한 지속 적인 계몽과 교육, 교통안전에 관한 시설의 유지 및 확충, 교통사고 피해자에 대한 보상제도 등 다양한 사전·사후적 조치를 함께 취할 때 이행될 수 있다는 점, 이 경우 형벌은 국가가 취할 수 있는 유효적절한 수단 중 하나일 뿐이지 최종적인 유일한 수단이 될 수 없다는 점 등을 그 이유로 삼는다.

어쨌거나 헌재의 이 위헌결정으로 교특법 제4조 제1항 본문 중 업무상 과실 또는 중대한 과실로 인한 교통사고로 피해자에게 중상해를 입힌 경우 공소를 제기하지 못하도록 한 부분은 효력을 상실하게 되었다. 따라서 교특법 제4조 제1항은 이 한에서 개정이 불가피하게 되었고, 2010. 1. 25.자 교특법 개정에서 제4조 제1항 단서가 다음과 같이 손질되었다. 즉, 피해자가 신체의 상해로 인하여 생명에 대한 위험이 발생하거나 불구 또는 불치나 난치의 질병에 이르게 된 경우(제4조 제1항 제2호)는 같은 법 제3조 제2항 단서에 해당하는 경우(제4조 제1항 제1호) 및 보험계약 또는 공제계약이 무효 또는 해지되거나 계약상의 면책규정 등으로 인하여 보험회사, 공제조합 또는 공제사업자의 보험금 또는 공제금 지급의무가 없게 된 경우(제4조 제1항 제3호)와 더불어 교통사고 가해자가 종합보험 등에 가입하고 교특법 제3조 제2항 단서조항에 해당하지 않더라도 피해자가 중상해에 이르면 교특법 제3조 제1항 위반죄로 처벌할 수 있게 되었다.

따라서 앞으로 교통사고 가해자에 대한 처벌범위는 교통사고 피해자가 중상해, 즉 신체의 상해로 인하여 생명에 대한 위험이 발생하거나 불구 또는 불치나 난치의 질병에 이르게 된 경우에 이르렀는지[77] 여부에 관한 형사소추기관 및 법원의 법해석·적용 및 사실관계의 판단에 따라 구체화될 것으로 예상된다.[78]

1997. 1. 16.자 헌재의 교특법 제4조 제1항 본문의 합헌결정(90헌마110)이 있은 후에도 교특법상 이 특례조항을 포함하여 교특법 전반에 관한 위헌논의와 입법개혁의 필요성은 간단없이 제기되어 왔었다.[79] 2009. 2. 26. 헌재의 교특법 제4조 제1항 본문의 일부위헌결정으로 인해 중상해 교통사고의 경우, 법리상 제기되어 왔던 문제점들이 일부 해소되긴 했지만, 문제가 완전히 해소된 것이 아니다. 아직도 남아 있는 문제점들은 무엇일까?

— 중상해의 기준은 어디까지이며, 그 한계는 분명한가?

---

77) 형법 제258조 제1항 및 제2항의 해석론 참조.

78) 민만기, 「헌재위헌결정에 따른 교특법 개선방안」, 국회교통안전포럼 주제발표문(2009. 4. 22.), 63면 참조.

79) 녹색교통운동, 교특법 개선방안 연구(2004. 10), 88면 이하; 법무법인 태평양, 교통사고처리특례법 개선방안에 대한 검토(2008. 8.), 39면 이하.

— 상대적으로 가벼운 부상피해자들에게는 재판절차진술권 침해가 문제되지 않는가?
— 법감정에 손상을 입은 피해자들에 의한 향후 추가위헌 소송이 제기될 소지는 없는가?
— 경미한 교통사고의 경우, 간편처리절차 등의 제도로써 사건의 신속한 해결을 도모하는 것이 더 합리적이지 않은가?
— 반의사불벌조항은 형법 및 도로교통법상의 금지규범 위반과 연계하여 설정하는 것이 더 합리적이지 않은가?

이 같은 문제점들은 사실 법리적인 문제뿐만 아니라 형사정책 및 형법정책의 문제와도 직접 연관되어 있음은 두말 할 것도 없다. 종래 교특법 개선방안으로 널리 거론되어 온 ① 교특법의 전면폐지 방안, ② 종합보험 면책을 물적 피해에 한정하는 방안, ③ 11개 예외사유 외에 중과실 일반에 의한 치상의 경우에도 공소를 제기할 수 있도록 하는 방안, ④ 과실의 정도를 불문하고 중상해의 경우에 공소를 제기할 수 있도록 하는 방안, ⑤ 중과실 일반의 경우 또는 중상해의 결과를 발생케 한 경우에 공소를 제기할 수 있도록 하는 방안 등을 다시 한번 생각해 보라.

헌재가 중상해에 국한하여 내린 헌법위반결정은 실제 남아있는 문제점의 극히 미세한 일부만을 손질한 데 불과할 뿐인 것으로 보인다. 헌재가 문제삼았던 위헌성의 두 가지 기준이 된 기본권, 즉 재판절차진술권과 평등권 중 평등권만 놓고 보더라도 치사와 중상해 사이의 간극을 좁히면서 중상해와 중과실적 중증상해 사이에 놓인 정도의 차이에 지나지 않는 미세한 간극을 좁히지 않고 왜 이질적인 생활사실로 치부하는지 설득력 있는 논거가 제시된 바 없다. 더 나아가 일반형사상의 과실범과 교통과실범의 차별취급 및 보험·공제가입 운전자와 미가입 운전자 사이의 차별취급에 대해서도 마찬가지 의문이 제기될 수 있다.

더구나 이 같은 특례조치가 오늘날의 시대정신, 형법정책과 형사정책의 이념과 합치하는지는 여전히 중요한 문제로 남는다. 그러므로 헌재의 일부위헌결정에도 불구하고 남아 있는 미해결의 문제점들을 심도 있게 짚어가면서 새로운 대안을 모색해 보는 것이 순서일 것이다.

《Ⅲ》

미해결의 문제점들

1. 전통형법의 잃어버린 고리

국가형벌권을 기반으로 한 형법실현이 과제였던 전통형법은 자유주의와 법치주의 이념의 세례를 받으면서 '단편적 성격', '최후수단성', '보충성', '비례성'과 같은 특성으로써 옷을 입었다. 현대 형사정책의 새로운 발전방향이었던 형법의 자유화 · 인간화 · 합리화의 요구에 상응하여 전통 형법의 형벌관에도 변화가 있었다. 한때 '목적사상과 절연된 응보형의 장엄성'[1]이라고까지 칭송되었던 응보적 형벌관으로부터 범죄인 개인의 개성과 인격성회복에 중점을 둔 이른바 재사회화 사상이 지배하는 형벌관으로의 변화가 일어나면서 형벌의 자유화 · 인간존중화 · 합리화의 경향도 두드러지게 나타나게 되었다. 이로 인하여 국가형벌 속에 내재해 있던 권위와 우월의 상징이기도 했던 엄혹형이 해체 내지 완화되기 시작했다. 사형의 폐지 및

1) Maurach, Deutsches Strafrect, 4. Aufl., 1971, S.77.

종신자유형의 완화, 자유형의 주형화에서 벌금형의 주형화, 유예제도의 확장, 보호관찰제도 내지 보호관찰부 가석방제도의 확대, 형벌의 일종 내지 대체물로서 사회봉사명령제도 내지 원상회복제도 등이 입법화되기에 이르렀다. 이들은 다 같이 탈응보적 형사정책의 발전방향과 궤를 같이하는 것들이다.

이처럼 응보형법에서 재사회화형법으로의 방향전환이 있었음에도 불구하고 여전히 공형벌에서 국가와 범죄자와의 양립관계에는 변한 것이 없었다. 여기에서 중요한 관점은 바로 형법규범 창설자인 국가와 그것을 위반한 행위자와의 쌍무관계였다. 국가형벌권이 확립된 이래 지금까지 모든 범죄의 제1차적인 피해자는 바로 공권력을 독점하고 있는 국가 자신으로 간주되었다. 국가가 공형벌을 독점하고 범죄의 피해자로 자처함으로써 그 결과 가해자와 피해자 사이에 범죄로 인해 야기된 갈등과 충돌은 형법실현의 구체적인 단계과정인 형사소송이나 형벌집행을 통해서도 만족스럽게 해소될 수 없다는 사실이 인식되기에 이르렀다.

인류사회의 초기공동체에서는 물론이고 게르만 고법이나 고대 로마법제하에서도 사인간의 범죄에 대한 공적 제재는 예외적 현상에 불과했다. 공적 형벌이 부과되는 경우는 공동체적 법익을 직접 침해하는 범죄에 국한되었다. 게르만법의 살해속죄금(Wergeld) 제도나 로마법상의 Transactio 제도가 보여주듯이, 가해자가 속죄금을 지급하거나 지급약속을 함으로써 피해자와 직접 화해가 이루어지면, 피해자가 더 이상 피의 복수(Blutrache)를 할 수 없고, 고소에 기초한 소송에서는 절차중지사유가 되었다. 이 같이 개인간 범죄에서 가해자와 피해자가 문제해결의 주도권을 행사하고, 속죄와 화해를 통해 공동체의 평화를 이루었던 고대의 제도들은 중세와 근세 절대왕권의 확립으로 공권력이 강화되면서 점점 약화되어 갔다. 그 후 근대국가의 성립 이후에도 공형벌의 국가독점화와 범죄문제해결에서 국가와 범죄인 간의 양자 구도는 불멸의 철칙처럼 인식되어 왔다.[2)]

여기에서 두드러지게 나타나는 현상은 범죄피해자의 중립화였다.[3)] 범죄는 이제 더 이상 사적인 문제가 아니라 국가적 공동체의 관심사항이 되었던 것이다. 형법위반에 대한 사사로운 복수나 사적인 해결은 오히려 국가권력에 대한 도전으로 간주되었다. 법질서의 수호는 오직 국가의 임무에 귀속했다. 피해자의 지위를 국가가 대신하고 전면에 나서서 범죄통제 및 법질서의 평화회복과 유지를 꾀하는 이 같은 경향은 형법적 지배구조를 강화했을 뿐만 아니라, 법이론적으로도 민사법과 형사법을 엄격히 분리하는 체계적 사고를 강화했다.

형사적 불법과 민사적 불법을 엄격히 분리하여 국가법적 형법체계의 기초를 확립한 대표적인 형법학자는 빈딩(Binding)이었다. 그는 형벌과 손해배상은 사인인 피해자의 이익을 위해 이행되지만, 특히 형벌은 사인의 이익을 위해서가 아니라 국가의 이익을 위해 실현되어야 한다고 주장했다.[4)] 다시 말해서, 범죄피해자 이익의 객관화·보편화의 요구였던 것이다. 이 같은 사고는 19세기 중반을 넘어 확고한 형법체계적 사고로 굳어졌고, 범죄피해자의 이익과 권리회복은 단지 민사법적 논의

---

2) 이에 관하여는 김일수, 「형사상 원상회복제도의 형사정책적 기능과 효용에 관한 연구」, 성곡논총 제21집(1990), 580면 이하; 정승환, 「폐지주의의 형사정책적 의미」, 고려법학 제55권(2010), 179면 참조.

3) Hassemer, Einführung in die Grundlagen des Strafrechts, 1981, S.67,

4) Binding, Die Normen und ihre Übertretung, 1.Bd., 3. Aufl., 1916.

의 대상에 불과하게 되었다.[5)]

전통 형법의 이념하에서 형벌권 실현의 핵심영역인 형사소송도 형벌권의 실현을 독점한 국가기관과 피의자 내지 피고인 사이의 진실공방과 적정형벌부과에 초점이 놓여 있었다. 따라서 범죄피해자는 소송절차상 제2선으로 물러앉게 되었고, 예외적으로 고소권자 또는 참고인 내지 증인으로서만 참여할 수 있는 좁은 무대가 마련되어 있을 뿐이었다. 이 점은 응보형법사상에서는 두말 할 것도 없고 재사회화형법 이념에 이르러서도 마찬가지였다. 재사회화형법 이념에서도 범죄자의 사회복귀와 그에 유리한 소송법적 지위 내지 기회의 보장이 중심과제였기 때문이다. 오로지 범죄자와의 사회적 연대성 회복이 재사회화 형벌목적의 핵심이었다.

이처럼 범죄피해자가 형사사법절차에서 배제되고, 형사정책적으로도 범죄피해자에 대한 배려가 등한시된 결과, 사법적 정의에 대한 피해자의 기대가 점점 약화되었고, 사법정의실현에 대한 사회적 신뢰도 감소되었다. 그 결과 형법실현을 통한 규범안정화와 사회통합적 예방 목적도 그 기반을 위협당할 위기에 처했다. 재사회화 노력에도 불구하고 점증하는 범죄율과 범죄흉포화로 인한 공동체의 해체위기감이 그 원인이었다.

이 같은 위기상황은 이른바 재사회화형법의 위기라고도 일컬어졌다. 어쨌거나 이러한 위기상황으로부터 벗어나기 위해 형사정책적 논의에서 사회심리학적 지식이 큰 역할을 담당했다. 즉 범죄로 생겨난 사회적 갈등을 해소하려면 그 갈등의 유발에 관여된 모든 주체, 다시 말해서, 공동체, 행위자, 피해자

5) 정승환, 앞의 글, 180면 참조.

등의 참여와 그 갈등해소를 위한 대화노력이 필요하다는 점이 점점 중요시되었다. 또한 범죄로 충격을 입은 법익공동체의 법익평화의 회복을 위해 종래 전통 형법의 국가와 범죄자 간 대칭모델보다 범죄가해자와 범죄피해자 간 대화모델로의 방향전환이 다방면으로 모색되기 시작했다.

독일에서는 1970년대의 재사회화형법에서 1980년대 이후로 점점 더 넓게 피해자 친화적 입법조치들이 등장하기 시작했다. 이를테면 1990년대 들어 입법화된 범죄자의 범죄피해자에 대한 원상회복(Schadenswiedergutmachung), 범죄자와 피해자의 화해조정(Täter-Opfer-Ausgleich)과 같은 제도가 그것이다. 이러한 관점의 변화는 오늘날 회복적 사법정의(restorative justice)라는 이념으로 각국의 형사사법에서 보편화단계에까지 접어들었다.[6)]

범죄자와 국가 간의 법규범 위반과 그 회복에 중점을 둔 형사사법의 틀에서 범죄자와 범죄피해자 그리고 국가 간에서 피해자의 만족과 사회통합에 중점을 두는 이 같은 패러다임의 변화는 분명 몇가지 유발요인들에 근거하고 있다. 재사회화 이데올로기의 탈사회화와 탈인격화 부작용에 대한 우려, 재사회화 형법의 고비용·저효율성의 논란, 범죄율 급증과 흉포화·광역화·조직화로 인한 사회통합 해체위기, 범죄자의 재사회화 내지 사회와의 연대성 못지않은 범죄피해자의 재사회화 내지 사회와의 연대성 요구 점증, 범죄피해자학의 발전과 범죄피해자단체의 여론동원 능력제고 등이 그것이다.[7)]

6) 고비환, 「형사조정제도의 문제점과 개선방향」, 고려대석사학위논문(2010), 6면 이하.

7) 이에 관하여는 김일수, 앞의 글, 582면 이하; 하태훈, 「범죄피해자의 형사절차상의 지위와 권리」, 안암법학 제1집(1993), 315면 이하; 정승

우리나라도 제6공화국 헌법에 이르러 범죄피해자의 재판절차진술권[8]이라는 피해자보호에 관련된 새로운 사법적 기본권이 신설되었고, 이에 따라 형사소송법 제294조의2에 그 절차규정이 구현되었다. 또한 1981년 「소송촉진 등에 관한 법률」에서 배상명령제도가 도입되었으나(같은 법 제25조), 그 보완책으로 헌법 제30조의 범죄피해자에 대한 국가구조제도[9]에 근거하여, 국가에 의한 범죄피해자보상제도의 하나인 「범죄피해자구조법」이 제정되었다.

최근 들어 법무부는 2008. 12. 1.부터 피해자의 형사재판 참가제도를 시행하고 있는 일본의 예를 따라, 범죄피해자의 형사재판 참여절차에 관한 형사소송법 중 일부개정법률안을 준비중에 있는 실정이다. 특히 범죄피해자가 참여할 수 있는 대상범죄에는 업무상 과실치사상죄를 포함시킬 예정으로 있다. 일본의 통계자료에서도 교통사고에서 피해자 참가신청이 가장 많이 이루어지는 점 등을 감안한 것이다.[10]

환, 앞의 글, 180면 이하 참조.

8) "형사피해자는 법률이 정하는 바에 의하여 당해 사건의 재판절차에서 진술할 수 있다"(헌법 제27조 제5항).

9) "타인의 범죄행위로 인하여 생명·신체에 대한 피해를 받은 국민은 법률이 정하는 바에 의하여 국가로부터 구조를 받을 수 있다"(헌법 제30조).

10) 일본은 1999. 4. 14. 야마구치 현에서 발생한 모자살인사건 피해여성의 남편이자 아이의 아버지인 모토무라 히로시(本村洋)가 범인체포에서 재판에 이르기까지 피해자로서의 심정을 인터넷에 게재하여 형사절차의 피해자 참가제도 도입을 강하게 호소한 결과, 지지를 얻어 제도화된 것이다. 하지만 2008. 12. ~ 2009. 5. 일본에서 피해자 참가제도 운영현황을 보면, 교통사고(자동차운전과실치사상)가 109건으로 전체 참가건수의 52.9%를 차지하고 있다.

문제는 교특법 제4조 제1항과 같은 공소권 봉쇄조치 때문에 피해자의 재판절차참여권은 제한될 수밖에 없다는 점이다. 이 점은 피해자 중심의 관점에서 교특법상의 특례조치를 다시 성찰해 보도록 하는 일종의 메시지일 수 있다. 교통사고로 갑자기 상해자가 되어 사회활동과 심리적·정신적 위축을 받는 피해자들의 재사회화를 위해서는 이와 같은 재판절차참여가 필요하고도 유익한 조치일 수 있기 때문이다.

현행법 체계상 부분적으로는 범죄피해자의 재판절차진술 및 피해구조가 활성화된 것은 부인 못 할 현실이다. 수사절차, 공판절차 및 양형 및 형벌부과와 형벌집행절차에서 범인의 피해자와의 관계는 범죄에 대한 공적 불승인과 범죄인에 대한 사회윤리적 비난의 정도에 중요한 의미를 지닌다. 그래서 외국에서는 이와 같은 모드의 전환을 '피해자의 유행(Opfereuphorie)', '피해자의 르네상스'라고 부르기도 한다.

하지만 입법론적 관점에서 피해자의 형사재판절차참여권은 범죄문제의 대화적 갈등해소에 빼놓을 수 없는 방도라는 점이다. 따라서 범죄피해자에게 단지 수동적이고 불완전한 재판절차진술권[11]에서 진일보하여 범죄피해자가 능동적이고 주체적인 참여와 절차형성의 기회를 갖도록 보완해야 할 필요성이 시급하다. 이런 맥락에서 볼 때 교특법상의 위 특례조항은 시대적인 패러다임 변화에 뒤처진 권위주의적인 5공입법에서 파생된 고답적인 제도에 불과하다는 점을 간과해서는 안 될 것이다.

11) 이는 소송절차에서 증인신문의 일종으로 진행된다.

2. 법감정의 문제

법감정의 문제를 권리와 이익의 주체, 즉 피해자의 측면에서 설득력 있게 논증하고 있는 법사상가로서 필자는 「권리를 위한 투쟁(1874)」의 저자로 우리에게 널리 알려진 루돌프 폰 예링(Rudolf von Jhering, 1818-1892)을 꼽는 데 조금도 주저하지 않는다.

그의 「권리를 위한 투쟁」은 한 마디로 말해 '법의 목적은 평화이지만 그 수단은 투쟁'이라고 요약될 수 있다. 이 투쟁은 불법에 대한 항거에 있다. 법질서에 있어서 권리를 위한 투쟁이 없다면 법의 생명은 죽은 것이나 마찬가지라는 것이다. 따라서 권리를 위한 투쟁은 바로 법을 위한 투쟁을 의미한다.[12)]

예링에 있어서 그 권리의 내용은 이익을 뜻한다. 즉, 법에 의해 보충된 이익이 법적 권리이며, 그 결과 권리를 위한 투쟁은 동시에 이익을 위한 투쟁이기도 하다는 것이다. 물론 여기에서 언급된 이익은 물질적·경제적 이익에만 국한되는 것이 아니라 오히려 정신적·인격적 이익에 그 중점이 놓여 있다. 순수한 인격적 권리침해는 말할 것도 없고 재산적 권리침해의 경우에도 동시에 내재적으로 인격이 침해되고 있다는 것이다.[13)]

그리하여 예링은 침해된 재산권의 배상에 있어서도 단순한 금전적 가치의 배상, 즉 금전배상만으로 원상회복이 되는 것이 아니고, 더 나아가 정신적 가치, 다시 말해서 손상된 법감정에 대한 보상이 따라야 한다는 것이다. 고대 로마법에서 민사벌은 이러한 요구에 만족을 줄 수 있었으나, 오늘날 사법상의 손해

12) 예링, 권리를 위한 투쟁(심재우 역), 역자서문, 1977, 3면.

13) 앞의 글, 5면.

배상에서는 그에 대한 배려가 사라져, 단지 물질주의(Materialismus)의 전형만이 남았다고 비난한다.[14]

특히 그의 사상에서 빼놓을 수 없는 또 하나의 요체는 권리를 위한 투쟁이 피해자 개인의 이익을 위해서뿐만 아니라 국가공동체의 존립을 위해서도 필요불가결하다는 점이다. 권리의식이 뚜렷하지 못한 백성은 결국 국가의 권리, 국가의 명예도 지킬 줄 모른다는 것이다. 따라서 외적으로부터 국가를 보위하기 위하여는 막대한 국방예산의 지출보다 먼저 백성들이 투철한 권리의식으로 무장하고 깨어 있도록 해야 한다는 것이다. 권리의식의 함양이야말로 최선의 정치교육·법교육이라고 한다.[15] 예링은 그래서 권리를 함부로 침해하는 자보다 짓밟히고도 그것을 비겁하게 감내하는 자를 더 비난받을 자로 본다. 그래서 그는 “불법을 행하지 말라”는 금지명제보다 “불법을 감수하지 말라”는 요구명제를 우선시킨다.[16] 이 요구명제에 상응하는 자기응답이 바로 권리를 위한 투쟁으로 나타나기 때문이다.

결국 피해자의 권리를 위한 투쟁은 인간의 자기자신에 대한 의무로서 도덕적 자기보존의 의무에 가 닿는다. 여기에서 그 의무를 태만히 하는 자는 자기의 도덕적 실존조건을 포기하는 자, 도덕적 자살자라고까지 말한다. 권리를 짓밟히고도 이를 감수하는 자, 인격적 가치의 회복에 이르지 않은 채 물질적 전보에 만족하는 자는 자기자신의 존재가치를 노예나 동물의 수준으로 전락시키는 자이며, 그 자가 바로 법의 정신을 갉아먹

14) 앞의 글, 6면.

15) 예컨대, 소유권의식이 꽉 박혀 있는 곳에서는 공산주의를 찾아볼 수 없다고 한다(앞의 책, 60면).

16) 앞의 글, 6면.

는 자라는 것이다. 불법과 불의를 감수하고 어설피 대충 얼버무리는 비겁과 무관심이야말로 법이 용서못할 죄에 해당한다는 것이다. 예링은 이 소책자의 말미에 "투쟁은 권리의 영원한 작업이다. …… 투쟁 가운데서 너는 너의 권리를 찾아야 한다"고 다시 한번 더 강조점을 붙여 마무리한다.[17)]

목적법학과 이익법학의 창시자인 예링은 「권리를 위한 투쟁」의 서두부터 법개념은 실천적 개념으로서의 목적개념임을 천명한다. 목적개념은 목적과 수단의 양 요소를 자기자신 속에 내포하고 있기 때문이라는 것이다. 법의 목적은 평화이지만, 그 수단은 불법에 대한 투쟁이라는 것이다.[18)]

이 세상의 모든 권리는 투쟁에 의해 쟁취되는 것이고, 이 세상의 모든 법규도 권리를 위해 투쟁하는 자들에 의해 쟁취되어 왔다고 한다. 권리는 결코 논리적인 개념이 아니고 도리어 힘의 개념이라는 것이다. 정의란 한 손에 저울을 들고서 바른 것을 재고, 다른 한 손에 칼을 들고서 바른 것을 주장하고 관철시키는 것이라는 전제에서 예링은 "저울 없는 칼은 적나라한 폭력이요, 칼 없는 저울은 법의 무기력"이라고도 말한다.

더 나아가 법은 끊임없는 노력이며, 국가권력과 전 국민의 끊임없는 작업이라고 한다. 그리하여 법의 총체적인 생명은 전 민족의 끊임없는 투쟁과 노력의 결정체이며, 바로 이러한 결정체가 물질적·정신적인 모든 분야에서 전 민족의 활동을 가능하게 해 주는 것이라고 한다. 자기의 권리를 마땅히 주장해야 할 입장에 놓여 있는 모든 개인은 이러한 민족적인 작업에 참여하게 되고, 그럼으로써 이 세상에서 법이념을 실현시키는 데

17) 앞의 글, 7면.

18) 예링, 권리를 위한 투쟁(심재우 역), 1977, 14면.

도 자기 몫을 다하게 된다.[19]

법의 역사에 기록될 만한 위대한 성과들, 즉 노예제도와 농노제도의 폐지, 개인의 토지소유권 확보, 직업의 자유, 신앙과 양심의 자유, 학문과 예술의 자유 등등은 수백년간 계속되는 치열한 투쟁 속에서 비로소 획득될 수 있었던 것이라는 점, 그리고 그 과정에서 피의 소용돌이와 항거가 있었던 점 등을 들어 예링은 "법은 자기 자식을 잡아먹는 사탄"이라고 비유한다. 왜냐하면 법은 자기 자신의 과거를 털어냄으로써만 젊어질 수 있기 때문이다. 일단 생성·제정되었다는 이유 때문에 무제한 그리고 영원한 존속을 주장하는 실정법은 마치 자기 어머니에 대해 항거하는 어린애같이 가당치 않은 일이라는 것이다. 만약 영속성을 고집하는 어떤 실정법이 있다면 그것은 그 실정법률의 제정시 기초했던 법이념을 무시하는 일이 된다. 법이념은 늘 새롭게 생성되는 것이며, 이미 생성된 것은 새로운 것에 자리를 양보하고 물러나지 않으면 안 되기 때문이다. 모든 생성된 것은 사멸하게끔 되어 있다는 것이다.[20]

그러나 우리가 알아야 할 것은 법은 각 민족에게 절대 공짜로 굴러들어오는 것이 아니라는 점, 각 민족은 법을 위해 투쟁하고 항쟁하며, 싸우고 피흘리기까지 하지 않으면 안 된다는 사실이다. 법의 이면으로서 권리와 이익도 마찬가지이다. 하찮은 소송대상물을 놓고서 비싼 대가를 무릅쓰고 권리실현에 나서는 사람들은 단지 몇 뼘의 땅이나 불모지가 아까워서가 아니라 도리어 이상적인 목적, 즉 인격 그 자체의 실현과 그 인격에 붙어 있는 법감정의 충족이 문제되기 때문이다.[21] 권리나 법익을 침

19) 앞의 책, 15면.

20) 앞의 책, 24면.

해당한 피해자로 하여금 소송을 불사하게 만드는 것은 단순한 금전적 이해관계가 아니라, 도리어 당한 불법에 대한 도덕적 고통 때문이다. 즉, 피해자는 자기 권리 속에 화체된 자신의 인격적 존재와 가치를 확인받고자 하는 것이다. 그의 내적인 양심의 소리는 너는 그 불법에 양보하지 말아라, 너에게 그것은 사소한 금전적 배상의 문제가 아니라 너의 인격, 너의 법감정, 너의 자기존중이 문제된다는 점을 일깨워주기 때문이다. 결론적으로 소송이란 법익을 훼손당한 피해자에게 단순한 이해관계의 문제로부터 인격존중의 문제로 전환시키는 계기가 된다.[22]

육체적 통증이 우리들로 하여금 처해 있는 질병의 위험에 관해 눈을 뜨게 하고, 그 고통에 대해 시의적절하게 대처하도록 유도하듯이, 불법이 야기시키는 도덕적 통증도 마찬가지 기능을 담당한다. 권리침해에 대한 주관적 민감성과 법감정으로부터 각자는 그 고통을 제공한 원인유발자로부터 자신의 도덕적 고통을 극복할 방도를 촉구하게 된다. 그것은 도덕적 자기보존의 의무로서 자기 자신의 존중에 대한 의무이기도 한 때문이다.[23] 그 도덕적 고통을 꾹 참고 지내라고 하는 것은 시민사회의 시민으로서 살아갈 권리를 배제하는 일종의 퇴물화 정책이나 다름없어 보인다.

법감정이란 결국 권리를 침탈당한 피해자가 그 권리를 위한 투쟁 가운데서 그의 윤리적 생존조건을 방어한다는 명제를 인식하는 것 외에 다름 아니다. 권리침해에 대해 법감정이 반응하는 힘의 무게는 법감정의 민감성에 비례한다. 따라서 법공

21) 앞의 책, 37면.

22) 앞의 책, 38면.

23) 앞의 책, 50면.

동체는 그 구성원들이 민감하게 깨어 있는 법감정을 계발할 수 있도록 법제도를 완비할 필요가 있다. 법감정이 작동할 수 없는 둔감상태를 방치하거나 법감정의 발로를 질식시키는 법제도는 그 자체 법공동체 평화의 근간을 갉아먹고 있는 셈이다.

권리를 위한 투쟁은 개인만이 떠맡을 문제가 아니다. 근대국가에 있어서는 특히 국가권력도 개인의 권리·생명·건강·인격·재산 등에 대한 모든 중한 범법행위를 형사법정에 들어세움으로써 권리를 위한 투쟁에 적극 참여하고 있다. 경찰·검찰과 형사법관은 이처럼 극히 중대한 문제의 일부를 그 피해주체로부터 떠맡아 대신 이를 실현해 줌으로써, 개인의 법감정의 민감성을 충족시키고 일깨우는 역할을 한다.[24] 결국 권리를 위한 투쟁이란 법감정의 발로인 셈이다. 법감정이란 법에 대한 지식도 교양도 아니요, 도덕적 쓰라림에 대한 단순한 감정이다.[25] 그 쓰라림은 피해자의 비상 절규요, 자존과 자기 구조의 외침이다.

하여 모든 권리의 정신적인 원천은 법감정이다.[26] 법의식, 법적 확신 등은 일반국민이 알지 못하는 학문의 추상적 담론들이다. 그러나 법감정은 법의 세계에서 병리학적 증상이다. 오성이나 이성은 그 부족한 감정을 대신할 수 없다. 권리의 힘은 마치 사랑의 힘이 감정에 뿌리박고 있듯이 감정에 뿌리박고 있다. 법감정은 침해되지 않은 상태에서는 권리가 무엇이며, 그 가운데 무엇이 숨어있는지 알지 못한다. 그러나 일단 권리침해가 일어나면 법감정은 말하지 않을 수 없고, 진실을 밝혀내어 그 힘을 드러내게 하는 고통스러운 문제제기이다. 왜 그런가? 예링은

24) 앞의 책, 62면; 이것은 오늘날 적극적 일반예방의 관점이기도 하다.

25) 앞의 책, 66면.

26) 앞의 책, 68면.

권리가 인간의 도덕적 실존조건이며, 그러한 권리를 주장하는 것은 인간 자신의 도덕적 자기보존에 속하기 때문이라고 한다.

법감정은 항시 행동을 수반한다. 행동을 결하는 곳에서는 법감정이 위축되게 마련이고, 장기적으로 반복되면 완전히 둔화되어 버린다. 그러므로 권리침해의 통증을 느끼는 반사적인 감지능력과 권리침해를 배제하는 용기와 결단의 행동력은 건전한 법감정이 살아 있다는 두 가지 증거가 된다.[27]

예링에 의하면, 권리를 위한 투쟁은 동시에 사회공동체에 대한 의무이기도 하다는 것이다.[28] 법의 본질은 실천적인 실현 속에서 구현되기 때문에 구체적인 권리는 추상적인 법으로부터 생명과 힘을 얻는 것이 아니라 도리어 추상적인 법에게 생명과 힘을 불어 넣는다. 권리의 실천적인 실현에 관계되어 있지 않거나 그 실천적 실현을 오히려 방해하는 법규범은 법규범이라고 불리울 자격이 없다. 그것은 무용한 법일 뿐이다.

형법의 실현은 국가권력에 의무로서 과하여져 있어 그 실효성을 보장받고 있으나, 피해자의 고소·고발과 같은 법적 아우성(legal noise)이나 재판절차에의 참여가 국가의 이 같은 공적 의무와 그 실효성을 활성화시키는 계기가 된다. 그런 이유로 예링은 "어떠한 불법도 행하지 말라"는 명제와 "어떠한 불법도 감수하지 말라"는 명제 중에서 그 실천적인 의미에 따라 서열을 정한다면, 후자가 우위를 점한다고 말한다.[29] 권리자는 자기의 권리 가운데서 법률을, 그 법률 가운데서 동시에 필요불가결한 공동체의 질서를 방어하는 것이기 때문이다.

---

27) 앞의 책, 69면.

28) 앞의 책, 74면 이하 참조.

29) 앞의 책, 80면.

한 나라에서 법과 정의는 법관이 만반의 소송준비 태세를 갖추고 그의 법대에 앉아 있는 것, 검·경이 그들의 수사관을 범죄현장에 내보내고 있다고 하는 것만으로 반영되는 것이 아니다. 국민 각자가 자기 몫으로써 위와 같이 권리 위에 깨어있어 서로 협력하지 않으면 안된다. 외부의 침략자에 대해 공동의 방어전선을 펴듯, 내부의 질서교란자나 침해범에 대해서도 공동의 방어전선을 구축하지 않으면 안된다는 것이다.[30)]

이 같은 명제를 입증하기 위해 예링은 셰익스피어(Shakespeare)의 「베니스의 상인」에 등장하는 주인공 샤일록(Shylok)에 대한 재해석을 시도한다: 안토니오(Antonio)의 몸에서 한 파운드의 살을 배어내기 위해 샤일록을 법정으로 이끌어 낸 것은 증오와 복수심이었지만, 셰익스피어가 샤일록으로 하여금 지껄이게 한 말은 그 자신뿐만 아니라 모든 사람의 입에서도 나올 법한 진실이다. 그것은 바로 어느 장소, 어느 시대에서도 침해된 법감정을 말할 때 언제나 언급이 될 말인 것이다. 다시 말해 그것은 법은 어디까지나 법으로 남아 있지 않으면 안 되는 확신의 힘과 확고성이요, 샤일록이 깨달은 그 문제에 있어서는 단지 그 개인만이 문제가 아니라 어떤 이념이 문제라는 것을 의식하고 있는 한 사나이의 기개와 정열인 것이다. 한 파운드의 살을 두고 셰익스피어는 샤일록으로 하여금 이렇게 말하게 한다.

> "내가 요구하는 한 파운드의 살코기는 비싼 값을 쳐주고 산 내 것이라네. 나는 그것을 가져야겠네. 너희들이 내 요구를 거절한다면 너희들의 법률의 꼴이 무엇인가! 베

30) 앞의 책, 82면.

니스의 법은 무용지물이리라.

— 나는 법률을 요구하노라.

— 나는 여기 내 채권증서에 입각해서 그것을 요구하노라."

"나는 법률을 요구한다." 시인이 이 몇 마디 말로써 주관적 의미의 권리와 객관적 의미의 법과의 진정한 관계 및 권리를 위한 투쟁의 의미를 지금까지 어떠한 법철학자도 적절히 표현할 수 없었던 모양으로 표현해주고 있다. 이 말로써 사건은 단번에 샤일록의 권리청구에서 베니스의 법의 문제로 전환했다. 샤일록이 이 말을 했을 때 연약한 한 인간의 모습이 얼마나 힘차고 거창하게 되는가! 한 파운드의 살을 요구한 것은 이미 한갓 유태인이 아니며, 법정의 문을 두드린 것은 베니스의 법률 그 자체이다. 왜냐하면 그의 권리와 베니스의 법은 하나이며, 그의 권리가 무너지면 베니스의 법 자체도 무너지기 때문이다. …… 샤일록의 운명의 그 어찌할 수 없는 비극은 그에게 비열한 기지에 의해 권리가 거절되었다고 하는 데 있는 것이 아니라 중세의 유태인의 한 사람인 그가 법을 신뢰하고 있었다는 점에서 기인한다. 샤일록에게는 베니스의 법이 왜곡되어 있었다는 감정, 그리고 법정에서 곤욕을 치루고 있는 것은 한 사람 유태인 샤일록이 아니라 중세의 대표적인 유태인상(像) 내지 헛되이 법을 향해 외쳤던 사회적 천민계급의 상(像)이었다는 감정을 그 누가 억제할 수 있겠는가?[31]

예링은 건전한 법감정이 지배하는 사회는 자신의 권리 가운

31) 앞의 책, 90-93면.

데서 법을 방어할 줄도 알고, 법 가운데서 자신의 권리도 방어할 줄 아는 사회이며, 여기에서는 준법성을 위한 분위기와 감정이 지배하는 사회가 된다는 결론에 이른다. 반면 범죄자나 범법자들을 체포 또는 구금하려고 할 때 국민대중들이 이들 범죄자나 범법자를 편들고, 선량한 국민을 돕는 국가권력을 적으로 바라보는 현상을 서글픈 현상들로 단정한다.[32] 그리하여 "대외적으로 존경받고 대내적으로 확고부동한 위치를 바라는 국가에게는 국민의 법감정만큼 보호와 장려를 필요로 하는 값진 재산은 없다"는 결론에 이른다. 법감정은 나무 전체의 뿌리이기 때문이다. 그 뿌리가 말라죽으면, 다른 모든 것은 헛것이라고 한다. 모든 독재정치는 사권에 대한 침해와 개인의 무권리 상태로부터 시작하여 가지는 남겨두고 뿌리를 파괴한다. 그 작업이 다 끝나면 줄기는 저절로 넘어간다는 것이다. 따라서 법감정의 건강성을 염두에 둔다면 무엇보다도 독재정치에 대항하는 것이 중요하다는 것이다.[33] 자유로운 공기가 불꽃을 타오르게 하는 것처럼 법감정을 타오르게 하는 것은 실행의 자유이다.[34]

국민의 힘은 그의 법감정의 힘이다. 국민의 법감정을 잘 돌보는 것은 국가의 건강과 힘을 잘 돌보는 것이다. 실체법의 확정성, 명료성, 규정성, 법의 모든 영역에서, 즉 단지 사법의 영역에서만이 아니고, 경찰, 행정, 재정입법 등의 모든 분야에서 건전한 법감정을 저해하는 모든 법규의 제거, 재판의 독립, 소송제도의 최대한의 완비 ― 이러한 모든 것이 국방예산을 엄청나게 끌어올리는 것보다 국력을 신장하는 데 보다 안전한 길

---

32) 앞의 책, 105면 이하.

33) 앞의 책, 106면 이하.

34) 앞의 책, 110면.

임을 알아야 한다는 것이다. 국가권력이 제정·공포하고 유지하고 있는 모든 자의적인 부정의한 법률규정은 국민의 법감정 및 국력 자체의 손상이요, 법이념에 대한 죄악이며, 결국 이 같은 죄가 국가 자체를 역습하며, 국가는 비싼 이자를 그 죄값으로 치루지 않을 수 없다는 것이다. 그 죄값의 이자는 경우에 따라 국민으로 하여금 무려 한 지방을 희생하고 지불하게 할 정도라고 한다.[35)]

예링의 「권리를 위한 투쟁」은 19세기의 저작물이지만 그 내용 속에 놀랍게도 오늘날의 독재권력의 속성과 자의적인 법제정과 유사한 것들이 눈에 띈다. 즉 독재정치의 특성은 항용 엄격성, 냉혹성, 자의성을 띤다고 보아야 하지만, 그 독재정치의 외관상의 표현은 그와 정반대로 온유하고 인간적이라는 것이다. 다시 말해 온유 그 자체도 독재의 속성 가운데 하나가 될 수도 있다는 점이다. 그것은 독재권력의 외관에 나타난 온유는 "자의적이고 기분적인 온유이지 인간적인 온유는 아니다. 이것은 소름끼치는 고양이의 앙칼진 울음소리라고나 할까."[36)]

그러한 온유에 도취하지 않는 길은 권리 위에 깨어 있는 투쟁의 길밖에 없다. 예링은 법에 있어서 미학적 아름다움을 "투쟁을 배제하는 대신에 도리어 투쟁을 자기 자신 속에 내포하고 있다는 점에서 찾아야 할 것"이라고 주장한다. 법을 위한 투쟁은 혐오감의 대상이 아니라 미학적인 만족감의 대상이며 윤리학적으로 숭고한 의무의 대상이다.[37)]

예링이 갈파한 법감정의 관점에서 교특법의 생성과정과 그

---

35) 앞의 책, 109면 이하.

36) 앞의 책, 120면.

37) 앞의 책, 138면 이하.

존속유지상황을 반추해보면 그것은 건강한 법감정을 위축시키거나 둔화시키는 일종의 악법 구실을 한다는 생각이 든다. 예링의 말대로 법의 본질이란 법감정에서 용출된 권리실현의 자유이기 때문이다.[38] 독재권력이 그 가혹성의 무대 뒤편에서 희화적으로 연출해낸 온유의 제스처 흔적을 우리는 바로 교특법 제4조 제1항의 종합보험가입운전자들에 대한 원천적인 공소권 봉쇄에서 읽을 수 있기 때문이다. 재판을 받을 권리, 즉 재판청구권과 재판절차진술권을 넘어서 피해자의 법감정론은 바로 재판절차참여권의 확대를 요구하고 있는 실정임을 염두에 둘 때 더욱 그러하다.

다만 법감정론의 이와 같은 이해에는 종종 쉽사리 오해가 따라오기 마련이다. 그것은 예링의 이 책 저술시대였던 19세기뿐만 아니라, 20세기와 21세기의 법철학에서도 마찬가지이다. 이성의 시대에 법감정이라는 파토스(pathos)가 법철학이나 법이론의 무대 전면에 주역으로 나서 활보하는 데는 어딘가 모르게 꺼림칙스러운 구석이 남아 있기 때문이리라. 이 점을 예링은 스스로 문제삼아 논쟁을 벌인 것이 사실이다. 즉 나는 어떠한 희생을 치르더라도 굳이 그 소송을 꼭 해야겠다거나 계속 해야겠다는 피해자의 관점을 어떻게 변호할 것인가? 이해관계의 타산에 비추어 보면, 적당한 보험금으로 만족하고 물러서는 편이 더 합리적이지 않은가 하는 의문점이다.

이 점에 대해 예링은 단호하게 답한다. 분명히 더 비싼 값을 지불하더라도 투쟁에 나서야 한다고 말이다. 그것은 단순히 "소송벽의 고약한 심보, 단순히 다투기를 좋아하는 버릇, 상대

38) 앞의 책, 110면.

방에게 골탕을 먹이고 싶어하는 참을 수 없는 충동" 때문만이 아니라는 것이다.[39] 권리자는 그 소송대상물을 애당초 고아원에 기부할 생각이 있었을지도 모르지만 자기 권리를 인정받고자 하는 법감정의 충족이 여기에서 문제되기 때문이라고 한다.[40] 불법에 대한 저항은 권리자의 자기 자신에 대한 의무일 뿐만 아니라 법공동체에 대한 의무이기 때문이라는 것이다.[41]

법감정의 문제는 실로 이해관계라는 저속한 동기로부터 출발해서 인간의 윤리적 자기보존이라는 관점까지 피해자 자신을 들어 올리며, 그의 권리 가운데서 법이념의 실현이 함께 이루어진다는 것이다. 그런 의미에서 법감정은 이상적인 열정일 수도 있지만, 다른 한편 차디찬 용기와 기개일 수도 있다는 것이다. 피해자의 권리를 위한 투쟁은 예링의 다음과 같은 말 속에 함축된 의미를 품고 있다:

> "나의 권리는 법이며, 나의 권리 가운데서 동시에 법이 침해되기도 하고 주장되기도 한다(mein Recht ist das Recht, in jenem wird zugleich dieses verletzt und behauptet)."[42]

피해자의 권리의 주장과 관철을 임의적으로 봉쇄하는 법제도, 특히 교특법 제4조 제1항과 같은 특례조치는 예링의 의도를 빌려 말하자면 숭고한 법의 정신을 지닌 피해자(권리자)를 당장 달콤한 몇 푼의 화대를 손에 쥐어주는 대신 사창가에 팔아버리는 것과 같이 악덕한 일인 셈이다.

39) 앞의 책, 35면 이하 참조.

40) 앞의 책, 38면.

41) 앞의 책, 39면.

42) 앞의 책, 87면.

3. 피해자학적 관점의 형벌론

형법에서 피해자의 법적 지위에 관한 논의는 새로운 형법이론적, 형사정책적 지평을 여는 문제영역으로 인식되고 있다.[43] 위에서 언급한 바와 같이 공형벌이 확립된 이래 지금까지 불법에 대한 투쟁은 사법제도를 통해 실현되어야 할 국가의 임무로 간주되었고, 정당방위나 자구행위 같은 예외적인 사정하에서만 사인의 권리를 위한 투쟁이 정당화될 수 있었다.[44] 그리하여 모든 범죄의 제1차적인 피해자는 바로 공권력을 독점하고 있는 국가 자신으로 간주되었던 것이 사실이다. 그러나 국가가 공형벌을 독점하고 범죄의 피해자로 자처함으로써 범죄와 형벌에서 가해자와 피해자 사이의 갈등과 충돌은 만족스럽게 해소될 수 없는 부분이 남는다는 사실이 점차 인식되기에 이르렀다. 이러한 상황에서 새로운 돌파구를 열어 준 것이 범죄피해자학(Viktimologie)의 관점이다. 1990년대에 이르러 범죄피해자학은 적어도 독일에서 1970년대의 재사회화형법의 유행을 앞질러가는 새로운 사고유형이 되었다.[45]

행위자의 개선 및 재사회화에 주안점을 두었던 1970년대 재사회화 프로그램은 치료교정 이데올로기가 갖는 탈사회화와 탈인격화의 취약점은 말할 것도 없고, 고비용·저효율의 형사정책적 프로그램으로서 실제 증폭하는 범죄문제 해결에 실질적

43) Neumann, Die Stellung des Opfers im Strafrecht, in : Hassemer(Hrsg.), Strafrechtspolitik, 1987, S.225f.

44) M.E. Mayer, AT des deutschen Strafrechts, 2. Aufl., 1923, S.274ff.

45) 김일수, 「사기죄에 있어서 피해자의 역할과 형사정책적 예방의 관점」, 형사정책 제5호(1990), 113면.

으로 기여하지 못했다는 비판에 부딪치면서 형사정책적 프로그램으로서의 매력을 점차 잃어가기 시작했다. 재사회화 프로그램의 막다른 골목에서 형사정책가들은 새로운 돌파구를 보다 더 근본적인 형법의 임무에 관한 성찰에서 찾고자 했다. 여기에 이른바 적극적 일반예방, 특히 사회통합적 예방사상(Integrationspräventionsgedanke)이 형법의 임무로서 관심을 끌게 되었다.[46] 종래 법익보호를 임무로 삼던 형법의 기능에서는 발생된 범죄로 인하여 침해된 법질서의 공적 권위의 회복이 주된 관심사였다. 그러나 통합예방적 관점에서는 범죄인과 사회뿐만 아니라 범죄인과 피해자 사이에서도 만족할 만한 갈등해소가 주어질 때 비로소 평화로운 공동체질서는 회복될 수 있다고 본다.

범죄피해자학은 먼저 형사정책의 새로운 발전을 촉진시켜 형사제재제도에서 피해원상회복(victim restitution)과 같은 새로운 형사제재수단의 활용을 촉진시킨다.[47] 원상회복제도가 제1차적으로 피해자의 이익을 고려한 형사제재의 한 수단임은 두말 할 것도 없다. 종래, 특히 1970년 이래의 재사회화 프로그램은 자유의 이념을 좇아 국가 공형벌의 엄혹한 제재수단 아래 놓인 범죄자 개인의 이익을 고려한 형사정책적 프로그램이었다면, 원상회복제도는 평등의 이념을 좇아 범죄피해자의 만족을 회복시켜준다는 데 주안점을 둔 새로운 패러다임의 변화라는 사실

---

46) Il-Su Kim, 「Punitivistische Grundtendenzen der gegenwärtigen Kriminalpolitik?」, 고려법학 제56호, 515면 이하.

47) Schöch(Hrsg.), Wiedergutmachung und Strafrecht, 1987; Gallaway, Restitution as integrative Punishment, in: Barmett/Hegel Ⅲ (eds.), Assessing the Criminal, 1977, p.331.

을 알 수 있다.[48)]

범죄피해자의 만족은 가해자의 급부를 통해 실현된다는 점에서 원상회복제도는 가해자와 피해자 사이의 화해를 촉진시키고, 이를 통해 법공동체 내에서 법적 평화를 회복시킨다는 의미를 갖고 있다. 화해를 통해 피해자가 만족을 얻게 되면, 자신이 받은 불만족의 트라우마(Trauma)를 범죄적인 화풀이 방식으로 다른 사회적 약자에게 전가시키는 악순환의 고리도 근원적으로 치유될 수 있기 때문이다.

이 점은 지금까지 우리가 범죄를 단순히 범죄인 개인의 측면에서 파악하여 「규범침해」 또는 「법익침해」라고 불러왔던 시각에서 벗어나 범죄는 「가해자와 피해자 사이의 갈등」이라고 재구성해야 할 필요성을 암시해준다. 그렇다면 범죄에 대한 반작용으로서 형사제재도 단순한 법의 공적 권위의 선언이나 공표가 아니라 구체적인 피해자의 권리회복이며, 이를 통한 피해자와 가해자 사이의 새로운 인적 연대성 회복, 가해자와 국가공동체와의 연대성 회복, 그리고 피해자와 국가공동체와의 연대성 회복 등의 의미를 지니게 된다.[49)]

형벌을 국가와 범죄인의 양자구도가 아니라 국가와 범죄인 그리고 피해자의 삼자구도로부터 출발하되, 특히 피해자의 관점을 새롭게 주목한다면 피해자는 범인의 처벌에 대한 권리를 갖는다고 말해야 옳다. 그것은 일종의 정의감정(Gerechtigkeits-empfinden)의 발로이다. 피해자의 정의감정은 우선 "네가 내게

48) Schöch, Strafrecht zwischen Freien und Gleichen im demokratischen Rechtsstaat, Maihofer-FS, 1988, S.461f.; 김일수, 앞의 글, 114면; 하태훈, 앞의 글, 316면.

49) 김일수, 한국형법 Ⅲ, 17면.

했던 것과 같은 아픔을 너도 겪어봐야 한다"는 고통분담의 상호성과 상쇄성에 기초하고 있다.[50] 피해자의 이와 같은 정의감정을 단순한 복수감정 내지 법적 응보감정과 구별하여, 피해자의 가해자에 대한 처벌청구권을 형벌이론적으로 새롭게 구성할 수 없을까?

고대사회의 자연적인 복수감정은 오늘날 법적 공형벌제도 하에서는 그 어느 구석에서도 자리를 차지하기 어렵다. 자연적인 복수감정을 뛰어넘은 응보사상은 동해보복의 절제된 정의감정을 대변하고 있지만, 그럼에도 불구하고 피해자의 처벌청구권은 여기에서도 자리를 차지하기 어렵다. 헤겔(Hegel)은 그의 법철학에서 응보형론을 옹호하면서, 오히려 그것을 이성적인 범죄인의 자기 처벌청구권으로 파악하였다. 소극적 일반예방론의 위하사상은 잠재적 범죄인으로서 오성을 지닌 일반인을 향해 범죄인의 처벌을 추상적으로 고려하고 있을 뿐, 이곳에서도 피해자의 처벌청구권의 지분은 발견되지 않는다. 특별예방론의 개선사상이나 재사회화사상도 구체적인 범죄인의 특성에 알맞은 처벌에 초점을 맞추고 있을 뿐, 처벌에서 피해자의 참여지분이나 몫을 전혀 고려하지 않고 있다.[51]

전통 형법은 그런 의미에서 지금까지 피해자의 지위를 가해자와 대칭된 자리에서 지워버렸고, 형법에서 피해자는 형벌과정과 멀리 떨어진 중립지대로 추방되었다. 응보형론자들이라고 할지라도 국가가 처벌의 주체로서 동일한 해악을 가하는 응보의 과정에서 피해자의 처벌요구를 대리한다고 주관적으로는

50) Reemtsma, Das Recht des Opfers auf die Bestrafung des Täters-als Problem, 1999, S.5.

51) 김일수, 한국형법 I, 103면.

확신할지언정, 피해자에게 현실적인 참여의 가능성을 열어주지는 못했다. 이 같은 봉쇄작전을 하쎄머(Hassemer) 교수는 푸코(Focault)의 말을 빌어, 국가 형법은 피해자의 중립화와 더불어 생성되었고, 형법의 힘은 피해자의 무력화(Entmachtung des Opfers)에 기초하고 있다고 말한 바 있다.[52]

피해자의 처벌청구권과 절차참여권은 형벌이론적으로 적극적 일반예방사상의 등장과 함께 그 문호가 열린 셈이다.[53] 오늘날 적극적 일반예방은 일반인에 대한 심리강제적 효과를 꾀하는 소극적 일반예방과 달리 '규범의 내면화를 통한 질서안정', '법충실에의 숙련', 내지 '질서신뢰의 안정' 등을 지향하는 형벌이론으로 통한다. '형법의 도덕형성력'(M.E. Mayer), '사회윤리적 심정가치의 보호'(Welzel) 따위도 적극적 일반예방의 초기사상으로 평가할 수 있다. 심지어 젤만(Seelmann) 교수는 헤겔(Hegel)의 응보형론을 '적정한 책임상쇄에 의한 일반예방'이었다고 재해석함으로써 적극적 일반예방사상의 본질적 사상재를 헤겔의 응보론에서 도출하려는 시도를 보여주기도 했다.[54]

적극적 일반예방에는 다음 세 가지 내용이 들어있다. 즉 ① 사회교육적 동기 학습효과(Sozialpädagogisch motivierter Lerneffekt), ② 신뢰효과(Vertrauenseffekt), ③ 만족효과(Befriedigungseffekt)가 그

52) Hassemer, Einführung in die Grundlagen des Strafrechts, 1990, S.695.

53) 이에 관하여는 Baratta, Integration-Prävention, KJ(1984), S.132f.; Frühauf, Wiedergutmachung zwischen Täter und Opfer: Eine neue Alternative in der strafrechtlichen Sanktionspraxis, 1988, S.181ff.; Seelmann, Strafzwecke und Wiedergutmachung, in: Katholische Akademie Trier(Hrsg.), Straffälligkeit und Wiedergutmachung, 1980, S.147f.; Schumann, Positive Generalprävention, 1989, S.7; 김일수, 성곡논총 제21집(1990), 607, 610면 참조.

54) Seelmann, JuS, 1979, S.687ff.

것이다.

사회교육적 동기학습효과란 형벌이 일반시민들에게 법준수·법충실한 생활태도가 몸에 배도록 숙련시키는 동기작용을 갖는다는 것이다. 신뢰효과란 형벌이 일반시민들에게 법이 잘 집행·관철되어 질서가 확립되는 것을 보여줌으로써 법은 지킬 만한 가치가 있는 것이라는 신뢰감을 고양시키는 작용을 한다는 것이다. 만족효과란 형벌이 범죄에 의해 야기된 법적 평화의 동요를 범죄인에 대한 처벌을 통해 진정시킴으로써 피해자는 물론 일반시민들의 법감정에 만족을 주고 훼손된 법적 평화를 회복시키는 작용을 한다는 것이다. 이를 통틀어 사회통합예방이라고 부르기도 하지만,[55] 록신(Roxin) 교수는 그 중 특히 만족효과만을 통합예방이라고 칭한다.[56] 록신에게 있어서 적극적 일반예방은 상위개념이고, 통합예방은 그 하위개념으로서 피해자 내지 일반시민들의 재판결과에 대한 법감정의 만족만을 지칭하는 것으로 이해하고 있다.

형벌이 이 같은 통합예방적 기능을 하려면 범죄에 대한 정당한 처벌이어야 함은 물론 실현된 불법과 형평을 유지할 수 있어야 한다는 것이다. 형벌이 일반인의 법의식을 강화하여 법적 평화를 확보하는 일을 목적으로 삼자면, 사회공동체 구성원들의 이익에 정당한 이익조절을 통해 만족감을 줄 수 있어야 한다. 국가적 이익을 위하여 과도한 형벌을 과한다거나 타인을 위협하거나 범인을 교화시키기 위해 책임에 상당하지 않은 무거운 형벌을 과하는 것은 이 같은 통합예방기능을 오히려 훼손

---

55) Baratta, a.a.O., S.132.

56) Roxin, Zur jüngsten Diskussion über Schuld, Prävention und Verantwortlichkeit im Strafrecht, in : Bockelmann-FS, 1979, S.305f.

시키는 일이 된다. 반면 가해자인 범인의 개선과 사회복귀를 위한 사회적 연대성에만 중점을 둔 나머지 범죄피해자의 처벌 요구를 외면한 채 결과적으로 불법을 두둔하거나 조장하는 인상을 줄 때에도 이 같은 통합예방기능은 신뢰를 잃을 수밖에 없다.

그런 의미에서 형벌은 최소한 규범의 효력이 작동하고 있음을 분명히 보여주어야 한다. 만약 실효성있는 규범을 위반했을 때에는, 그 위반자에게 안 좋은 결과가 돌아가게 된다는 사실을 똑똑히 보여줄 수 있어야 한다. 동시에 그 피해자에게 현실적으로 초래된 안 좋은 결과를 상쇄시키거나 회복시킬 만한 정도의 처벌이 가해자에게 현실적으로 돌아가야 한다. 형법이 사회통제의 일부로서 범죄통제의 역할을 담당하고자 한다면 최소한 이 같은 현실기반을 벗어나서는 안 된다.[57)]

비례성의 원칙을 벗어난 무관용 원칙과 마찬가지로 비례성의 원칙을 벗어난 관용의 원칙도 현실관련성을 지닌 규범적 정신과학으로서의 형법의 본령과는 거리가 멀어 보인다. 전자의 원칙에서는 범죄인의 인간으로서 존엄과 행복추구권이 침해되는 반면 후자의 원칙에서는 피해자의 인간으로서의 존엄과 행복추구권이 훼손되기 때문이다.

이제 교통범죄의 문제로 돌아가 보자. 종합보험에 가입한 자가용운전자가 DMB로 축구 월드컵 중계를 보며 운전하다가 무용학원으로 발레연습을 하러 가던 여중생을 치었다. 그 사고로 피해자의 오른쪽 엄지발가락이 절단상황에까지 이르지는 않았으나 기능의 90% 이상이 마비되는 결과를 낳았다. 통설에

57) Reemtsma, a.a.O., S.20f.

따르면, 이 경우는 개정된 교특법 제4조 제1항 중상해규정에 물론 해당하지는 않는다. 피해자의 물질적 손실은 우선 일정액의 보험금 지급으로 신속하게 전보될 수 있을 것이다. 하지만 피해자가 입은 정신적 손해, 즉 두려움, 고통, 특별한 육체적·정신적 능력의 상실, 진학 및 장래의 진로와 관련된 꿈의 상실, 정상적인 성장과 관련하여 기대되었던 일반적인 활력의 상실 등은 어떻게 회복할 수 있을까. 민사소송에서 장식품 같은 미미한 정신적 위자료로 이 손해를 커버할 수 있을 것인가.

가해자는 사고 후 피해자와 일체 상호소통을 끊고 있는 상황에서 이 같은 정신적 피해는 상징적으로 가해자의 처벌을 통해서 그리고 이 과정을 통해 나타나는 사회의 피해자와의 연대성 표현, 다시 말해 사회가 가해자보다는 피해자와 더 강한 연대의식을 공유하고 있다는 의지의 표명을 통해서 어느 정도 상쇄될 수 있다. 물론 이 같은 처벌의례는 피해자의 개인적 복수나 린치가 법적으로 허용되지 않음을 전제한 것이다. 그렇기 때문에 형벌은 피해자의 내면세계에서 자연적으로 용출하고 있는 복수와 증오감정을 사회적으로 용해시켜 피해자에게 어느 정도 위로와 만족을 주는 제도임을 잊어서는 안 된다.[58] 이 같은 만족이 피해자에게 주어질 방도를 원천적으로 봉쇄하고 있는 교특법 제4조 제1항의 공소권 봉쇄조치는 실은 교통범죄피해자의 트라우마를 확대·재생산할 위험성을 안고 있다.

트라우마를 수반하는 범죄피해자들에게도 범인의 개선과 재사회화 요구 못지않게 치유와 사회적 결속의 연대감 속으로의 편입, 즉 재사회화가 필요하다. 범죄피해자에게는 범인의 처

58) Ebd. S.24.

벌이 단순히 원상회복의 의미가 아니라 트라우마의 악화, 즉 정신적 피해의 확산을 차단하고 개선하는 의미를 지닌다.[59] 만약 형벌을 통하여 범죄피해자의 이 같은 정신적 고통을 제때에 보듬어주지 않는다면, 범죄로 인한 개인적 피해가 또다른 사회적 피해로 전이될 수 있다는 점을 유념해야 할 것이다. 피해자는 자신이 홀로 감당할 수 없는 내면의 정신적 고통 때문에 기회가 주어지면 다른 사회적 약자를 범죄의 대상으로 삼아 그 고통을 전가시킬 수 있기 때문이다.

결론적으로 말해 죄와 벌의 문제에서 전통적으로 전승되어 온 바, 국가와 범죄인을 축으로 한 채 범죄피해자를 형사절차의 바깥에 위리안치시킨 형사사법의 틀은 현대의 경험적인 사회체계의 틀과 맞지 않는다. 권위주의 국가에 맞서 범죄인의 인권보호에 초점을 맞추었던 자유주의 철학과 법치주의 국가관은 형사절차를 국가와 범죄인의 상호작용으로 보았을 뿐 가해자와 피해자의 대화구조로 바라보지 못했던 것이다. 그 결과 피해자는 형사절차에서 가족구성원이 아니라 이웃집 손님에 불과했다. 그는 극히 예외적으로 형사절차의 수동적 객체로 취급될 뿐이었지, 능동적인 참여주체로 대우받지 못했다.

국가의 형사정책은 지금까지 범죄자의 재범·누범의 위험에는 깊은 관심을 나타냈지만, 피해자의 재트라우마화(Retraumatisierung)[60] 내지 극단적인 경우 그로 인한 피해자의 새로운 범죄인화의 위험을 전혀 눈치채지 못하고 지내온 것이다.

---

59) Ebd. S.26f.

60) Riedesser, Lehrbuch der Psychotraumatologie, 1998, S.115ff.

4. 대화적 소송절차론과 피해자의 공판절차참여권

여러 번 거듭해서 체험한 바이지만, 판결전조사, 공범증인 책임감면제도, 자백협상(Plea bargaining), 피해자의 형사재판참가와 같은 새로운 제도를 형사소송법에 도입하고자 할 때, 그 당부와 방법 등을 놓고 벌이는 논쟁의 큰 틀 중 빠지지 않는 것이 당사자주의와 직권주의 형사소송구조이다. 문제는 우리나라 형사소송구조에서 이미 당사자주의와 직권주의가 그 연원에서부터 멀리 흘러내려와 다양한 침윤을 거듭하면서 현재에는 비교인자로서 그 정체성을 확정하기 힘들 정도로 변용을 겪었다는 점이다. 이 두 구조의 연원지라고 할 수 있는 영미법계와 대륙법계에서조차도 당사자주의와 직권주의는 비록 정도의 차이는 있지만 이미 순수한 원형을 찾기 어려울 만큼 변용을 거듭하고 있다는 점에서 더욱 그러하다.[61]

영국의 당사자주의에서 사적 또는 국가적 소추이익은 소의 대리자, 즉 대부분의 경우에 경찰, 그 밖에도 공소관, 배심재판에서는 변호사에 의해서도 대리될 수 있다.[62] 반면 피고인의 이익은 변호인에 의해 대리된다. 피고인 신문제도는 존재하지 않으며, 양 당사자는 똑같이 교호신문(cross examination)의 방식으로 증인신문을 이끌어 나간다. 당사자들은 소송절차를 주도하며, 민사소송에서처럼 피고인의 자백을 통해 소송대상을 처

---

61) 이 같은 난제에 관하여는 조병선, 「우리나라 형사소송구조의 분석과 비교형사소송의 방법론」, 한국형사소송법학회 제7회 발표회 자료집 (2009. 12.), 43면 이하 참조.

62) Emmins, A practical approach to criminal procedure, 1981, p.7; 이에 비해 미국의 배심재판에서 소추 및 공소 유지는 오직 검사의 임무에 속한다.

분할 수도 있고, 합의에 의해 절차형성 및 진행에 영향을 줄 수도 있다(당사자처분주의). 법관은 직권탐지활동을 통해 판결의 근거를 얻지 않고 단지 질문의 허용 또는 거부를 통해 중립적인 심판자처럼 행동하고, 배심재판의 경우에는 배심원과 함께 단지 당사자에 의해 수집된 증거자료만을 기초로 판결하게 된다. 그리고 소에 의해 제기된 사실만이 판결의 대상이 되기 때문에 법원의 소송상 역할은 소극적이며, 그 권한은 당사자주의에 의한 제약을 받는다.

이에 비해 대륙법계의 직권주의 소송구조하에서 변론 및 재판절차의 개시는 탄핵주의 소송구조의 확립 이후, 물론 검사의 공소제기에 의하지만, 일단 공소가 제기되고 나면 그 후 일체의 재판절차는 전적으로 법원에 의해 주도된다. 심지어 피고인의 신문 및 증거조사까지도 법원이 그의 책임하에 행한다. 따라서 법원은 적극적·주도적으로 소송절차에 관여하여 소송을 직권으로 이끌어 나가며, 다른 소송주체에 비해 가장 지배적인 소송상의 기능과 역할을 수행하는 셈이다.

그러나 현대에 이르러 영미의 당사자주의라고 하더라도 당사자의 의사가 형사소송의 운영을 지배하는 민사소송상의 당사자처분주의로 나아가지는 않는다. 아무리 법원의 지위가 소극적이라 해도 마치 법관은 말이 걸려올 때만 움직이는 국외적인 방관자가 아니다. 당사자주의의 핵심은 검사와 피고인의 주장과 입증에 의한 공격·방어 활동이 절차형성의 주류를 이룬다는 점에 있으므로 법관은 그 심리에 임하여 중요한 쟁점들이 드러나도록 해야 할 임무가 있다. 물론 법관은 사건의 예단에까지 미쳐서는 안되지만, 어느 정도 유형·무형의 능동적인 참여가 요청된다.[63]

반면 대륙법계의 직권주의라고 할지라도 규문절차화할 수 없는 한계성이 있다. 법관의 진실발견과 양형에서 형사정책적 예방목적을 합목적적으로 고려하려면 절차과정에 반드시 다른 소송주체의 참여를 필요로 하기 때문이다. 따라서 양 제도는 본래 상이한 제도였고, 아직도 상당한 차이점을 지니고 있는 것만은 사실이지만, 입법화의 실체적인 과정에서는 접근과 융화가 지속적으로 일어나는 추세라고 말해야 옳을 것이다. 그 대표적인 예가 바로 우리의 형사소송법이라고 말해도 지나침은 없을 것이다.

우리나라의 형사소송구조는 구 형사소송법 통용시까지는 대륙법계, 특히 독일법계와 유사한 탄핵적 직권탐지주의 소송구조였으나, 1961년 형사소송법 개정 이래 최근 2007년 형사소송법 대개정에 이르기까지, 수차례 법개정을 통해 당사자주의 요소가 점점 강화되어 왔다. 현행 형사소송법상 공판절차는 당사자주의를 기본으로 하고, 직권주의를 이에 가미한 형태라고 말해도 좋을 것이다. 현행 형사소송법상의 직권주의는 당사자주의에 대해 규제적·보충적 기능을 하고 있기 때문이다.

규제적 기능으로는 변론권 제한, 증인신문개입권, 증거결정권, 당사자가 증거로 함에 동의한 증거에 대한 진정성 여부 조사, 공소장 변경의 허가 등과 같이 법원이 대립소송주체의 소송활동을 규제하는 여러 가지 기능을 들 수 있다. 이에 비해 보충적 기능으로는 직권에 의한 증거조사, 피고인에 대한 보충신문, 검사 또는 피고인이 신청한 증인에 대한 보충신문, 공소장변경요구 등에서처럼 대립소송주체의 소송활동에 보충적으로

---

63) 이를 공익적 제도로서 법원의 후견적 활동으로 파악하기도 한다(신현주, 형사소송법, 2002, 153면).

개입하는 기능을 들 수 있다.

이와 같이 현행 형사소송법은 당사자주의와 직권주의를 혼합한 비빔밥 형태이므로 법원의 소송상 기능과 역할은 영미의 그것보다는 강하고 대륙의 그것보다는 약하다고 할 수 있다. 그렇다면 이 비빔밥 성격의 한국 형사소송절차구조를 양자의 절충이 아닌 새로운 제3의 관점에서 체계화할 길은 없을까. 혼합형태 속에 남아 있는 권위주의적 요소를 청산하고 보다 더 철저하게 민주적이고 평등한 소송절차구조를 상정할 수는 없을까.

소송절차의 법리적 성격은 바로 절차가 의사소통과정이라는 점에서 찾을 수 있다. 형사소송법은 그 절차과정에서 대화를 통한 의사소통을 실현하는 조건을 제공하고 있기 때문이다. 형사사법의 본질이 '진실과 정의에의 지향성'이라면,[64] 그 기초인 실체적 진실의 발견은 모든 이해관계인의 자유롭고 평등한 참여가 보장된 대화의 절차적 조건 속에서만 실현될 수 있다.[65] 그러므로 형사소송절차를 소송주체 및 그 보조자·관여자들의 대화와 상호의사소통의 과정으로 이해하는 인식의 전환이 필요하다.[66] 그래야만 이 상호교류적 의사소통과정에 참여하는 절차참여자들에게 동등한 주체성과 함께 참여기회의 평등

64) 김일수, 수사체계와 검찰문화의 새 지평, 2010, 277면; 김일수, 바람직한 양형조사 주체 및 조사방식에 관한 연구, 2009, 235면.

65) 이상돈, 「형사소송에서 항소심과 상고심의 공판형태」, 안암법학 제1호(1993), 362면, 특히 주) 19 참조; 물론 필자는 대화원리(Dialogisches Prinzip)로 전용할 수 있는지에 관해 견해를 달리한다.

66) Calliess, Theorie der Strafe im demokratischen und sozialen Rechtsstaat, 1974, S.97.; Hassemer, Einführung in die Grundlagen des Strafrechts, 1981, S.121ff.; Mir Puig, 「Rechtsgüterschutz durch dialogisches Strafrecht」, GA(2006), S.667ff.

성이 보장될 수 있기 때문이다.

특히 민주적·자유적·사회적 법치국가에서 형사소송절차는 형법의 귀속, 특히 피의자·피고인의 책임귀속에 관한 소송주체와 관여자들의 대화와 의사소통에 의한 변증론적 진실발견절차이다.[67] 왜냐하면 범죄와 형벌은 처음부터 확정되어 있는 것이 아니고, 자유법치국가적 소송절차의 지도이념인 무죄추정의 법리에서 출발하여 관여자들의 책임대화(Schulddialog)를 통한 의사소통과 상호교류의 과정을 거쳐 점진적으로 책임귀속의 실체를 확정하여 나가는 것이기 때문이다.[68]

고소(고발)·수사·공소제기 등 일련의 절차는 책임귀속의 전 과정을 연계시키는 정보제공의 단계에 불과한 것들이다. 이 책임귀속의 과정은 점차 높은 정도의 형식성과 확정성을 얻기 위한 단계적 진행과정으로서 낮은 단계의 수사절차로부터 높은 단계의 변론절차와 판결절차로 발전해 나간다. 여기에서 사안과 형벌법규에 관한 해석·적용은 검사 또는 법원의 독단적인 사무처리일 수 없고, 수사절차·변론준비절차·변론절차에서 피의자·피고인·피해자도 대화과정의 주체로서 이에 함께 참여하게 된다.[69]

더 나아가 보조인, 전문수사자문위원(형사소송법 제245조의 2), 전문심리위원(형사소송법 제279조의2), 배심원, 감정인, 증인까지도 이에 준하여 이해할 수 있다. 심지어 판결전조사 내지 양형조사를 위한 조사인력도 그 의미를 축소하여 절차에서 배제하는 방향으로 이해할 필요는 없다고 본다.[70] 왜냐하면 소송

67) 김일수, 「법·인간·인권」(제3판), 1996, 239면, 305면 이하.

68) Haft, Der Schulddialog, 1978, S.70ff.

69) 김일수, 수사체계와 검찰문화의 새 지평, 279면.

절차는 본원적으로 혼자서 읊조리는 독백적 모델(monologisches Modell)이 아니라 상호간 의사를 주고받으며 언어로 소통하는 대화적 모델(dialogisches Modell)이기 때문이다.[71] 여기에서 소송절차의 목적실현을 위해 각 소송주체는 물론 절차참여자들에게 주어진 역할분담에 상응한 각자의 독특한 개성과 전문성 그리고 동등한 자유를 승인하고 그 기여분을 평가하며, 적법절차 내에서 행위규칙으로 주어진 일정한 규칙(rule)에 따라 절차를 함께 형성해 나간다.

따라서 이 소송절차에서는 모든 참여자가 동등한 역할수행의 기회를 갖고 주체로서 자기 몫을 다하는 것이지 다른 참여자에게 예속된 역할수행자일 수 없다. 각자가 자기 자신의 인격적 자율성의 범주 안에서 주체들 상호간의 간극을 지양하고, 대립되는 입장을 조정하여, 상호이해의 바탕 위에서 서로 납득할 수 있는 상호주관적 방법으로 죄책과 벌의 종류와 크기, 정도를 함께 발견해 나간다.

대화과정으로서 형사소송절차를 이처럼 이해하는 것은 소송절차의 목적을 실현할 수 있는 전제로서뿐만 아니라 범인에게 돌아갈 가능한 형사책임과 사회의 공동책임(Mitverantwortung),[72] 그리고 그에 상응하는 죄값과 상호간 연민과 사랑에 의한 죄값

---

70) 김일수, 바람직한 양형조사 주체 및 조사방식에 관한 연구, 2009, 233면 이하.

71) 김일수, 「변호인은 사법기관인가?」, 고시연구 제119호(1984. 2), 29면; 「피고인의 소송법상 지위」, 고시연구 제124호(1984. 7), 152면; 「검사의 소송법상 지위」, 고시연구 제131호(1985. 2), 114면; 「법원의 소송법상 지위」, 고시연구 제143호(1986. 2), 154면 이하.

72) Noll, Die ethische Begründung der Strafe, 1962, S.14ff., 24ff.; Il-Su Kim, Die Bedeutung der Menschenwürde im Strafrecht, 1983, S.342ff.

의 분배를 고려하여 범인의 사회화와 자기화라는 적극적 특별예방목적과 피해자의 재사회화를 포함한 사회의 재사회화를 통하여 법질서의 자기 주장과 관철력에 대한 일반인의 신뢰를 강화하는 적극적 일반예방목적을 실현하기 위한 전제도 된다.[73]

뿐만 아니라 참여자들 사이에 상호이해와 상호교류의 기회가 널리 열린다면 바로 이 소송절차야말로 주어진 규범의 틀 안에서 그 참여주체들 간의 창조적 활동의 과정으로 이해될 수 있다. 그것은 또한 이 소송절차 이후로 이어질 형집행절차에서 사회화 학습과정의 조건을 미리 검증하고 준비하는 과정으로서의 의미도 지닐 수 있을 것이다.

어쨌거나 형사소송절차를 이처럼 대화적 소송절차로 이해하면, 법정의 분위기도 법단을 중심으로 높낮이를 달리하는 권위주의적 풍경에서 벗어나 둥글게 둘러앉아 죄와 벌, 화해와 용서를 찾아가는 원탁의 법정으로 탈바꿈하는 것이 바람직해 보인다. 대화절차에서 누가 누구보다 우월하다는 생각은 오만과 편견이며, 이 오만과 우월감으로부터 권위주의라는 악취가 생긴다.

사건의 진실을 아는 데 있어서 범인이나 피해자보다 수사기관, 공소관 또는 법관의 인식능력이 뛰어나다고 함부로 속단할 수 있겠는가. 헌법과 헌법의 구체화규범인 형법·형사소송법이 정해놓은 규범의 틀 안에서 절차참여자들은 각자 권리를 향유하기도 하고 동시에 의무를 부담하기도 하는 절차공동체의 참여주체들일 뿐이기 때문이다. 이와 같은 관점에서 출발한다면 범죄에서 가해자와 피해자는 모두 국가사법이 베푼 대화적 소송절차의 놀이마당 속으로 초대된 친구에 비유할 수도 있을

73) Lenckner, Der Strafprozess im Dienst der Resozialisierung, JuS(1983), S.340f.

것이다.[74]

이제 시선을 피해자의 공판절차 참가 쪽으로 돌려보자. 이미 언급했듯이 우리 헌법이 범죄피해자의 권리에 대해 직접적으로 명시하기 시작한 것은 제6공화국 헌법에서부터였고, 형사피해자의 재판절차진술권(제27조 제5항)과 범죄피해자구조청구권(제30조)이 그것이다. 피해자의 재판절차진술권의 행사를 위해 그 후 형사소송법 제294조의2에 피해자 등의 진술권이 신설되었다. 그러나 형사소송법상 피해자의 진술권은 공판절차에서 증인의 자격으로 증인신문의 방식에 따라 수동적으로 진행되기 때문에 피해자에게 만족을 줄 만한 기회가 되기 어렵다.

범인은 기소 전 수사단계에서 재판에 이르기까지 본인이 진술거부권을 행사하지 않는 한 범행의 동기, 피해자에 대한 관계, 피치 못할 딱한 사정, 후회의 감정 등 모든 정황을 고할 수 있는 기회를 갖는다. 그러나 피해자에게는 현행법상 피고인처럼 말할 수 있는 기회가 주어지지 않는다. 심지어 피고인이 일방적인 변명이나 피해자와의 관계에 관한 사실왜곡의 진술을 할지라도 피해자가 그에 절차적으로 대응할 만한 제도가 완비되어 있지 못한 것이 사실이다. 이 점은 사건의 실체적 진실발견뿐만 아니라 적정한 양형판단을 위해서도 바람직하지 못하다.

일찍부터 외국의 여러 나라는 피해자참가제도를 도입하여 이 문제를 해결하고 있다. 피해자참가제도는 피해자가 원하는 만큼 소송절차에 참여하여 당사자로서 피고인의 일방적 주장의 허위성이나 왜곡을 논박할 수 있고, 범죄인으로 하여금 진실의

---

74) 김일수, 바람직한 양형조사주체 및 조사방식에 관한 연구, 235면.

바탕 위에서 용서와 화해의 마당으로 나오도록 촉구하는 기능도 할 수 있다. 그것은 적정한 처벌에 도움을 줄 뿐만 아니라 피해자의 재사회화와 가해자와의 화해 등 회복적 사법이념을 실현하는 데도 유용한 제도이다.[75)]

일본은 2008년부터 이 제도를 실시하고 있고, 미국도 2004년 제정된 범죄피해자권리법(Crime Victims' Right Act)에 따라 이 제도가 활성화 단계에 접어들었다. 독일에서는 1986년 「형사절차에서 피해자 지위개선을 위한 제1차 법률」 등을 통해 범죄피해자의 '절차참여권'이 더욱 강화되고 있는 실정이다.[76)]

2008. 12. ~ 2009. 5. 일본에서 범죄피해자 참가제도의 운영현황은 다음의 표와 같다.[77)]

〈사건신청 현황〉

구 분	건수	명수	비 고
신 청	224	350	
허 가	206	321	
공판참여	134	210	본인 70명, 피해자 부모 84명, 배우자 37명, 피해자 비속 55명
피고인신문	89	107	
구형의견진술	63	74	
불허(법원)	1	1	
철 회	9	11	

75) 김영기, 「피해자의 공판절차참가 도입방안 연구」, 정성진박사 고희기념 논문집, 2010, 665면 이하.

76) 각국의 법제에 관한 상세한 연구로는 위의 글, 666면-689면 참조.

77) 2009. 6. 최고검찰청 발표자료 및 2009. 6. 25.자 산케이(産經)신문, 2009. 3. 3.자 아사히(朝日)신문 보도 인용(앞의 글, 673면 이하에서 재인용).

〈사건별 분포 현황〉

구 분	건수	비율(%)
교통사고(자동차운전과실치사상)	109	52.9
상 해	36	17.4
살인 · 미수	27	13.1
성범죄(강간 등)	22	10.6
기 타	12	5.8

〈피해자의 의견과 구형 및 선고형〉

지방법원/일자	죄명	피해자 의견	구형	선고형
삿뽀로(札幌)/ 2009. 2. 10.	업무상 과실치사상	'형무소에서 반성을'	금고 2년	금고 1년 6월
도쿄(東京)/ 2009. 2. 16.	공갈미수, 상해	'징역 3년 실형을'	징역 3년	징역 2년
도쿄/ 2009. 2. 16.	자동차운전 과실치사	'형무소에서 재교육을'	금고 2년6월	금고 2년6월, 집유 4년
요코하마(横濱) /2009. 2. 19.	자동차운전 과실상해	'실형을'	금고 2년	금고 2년, 집유 5년
도쿄/ 2009. 2. 20.	자동차운전 과실치사	'실형을 강력 희망'	금고 1년6월	금고 1년6월, 집유 5년
요코하마/ 2009. 2. 25.	준강제음란	'가능한 장기의 실형을'	징역 2년6월	징역 2년
오카야마(岡山) /2009. 2. 27.	업무상 과실상해 등	진술하지 아니함	징역 3년6월	징역 2년6월, 집유 4년

일본의 한 언론보도에 따르면 재판에 참여한 피해자들은 "법정에서 의사를 전달하고, 피고인에게 직접 질문을 하며, 피고인으로부터 사과나 배상약속을 받을 수 있어 만족한다"는 경

우가 많았으나, "형사재판이 개인적인 보복감정에 지배될 염려가 있다"며 우려를 피력하는 경우도 있었다는 것이다.78)

위 일본의 피해자참가제도 사건별 분포현황을 보면 전체 허가건수 206건 중 자동차운전과실치상이 109건으로 52.9%를 차지한다는 사실이 주목할 만하다. 물론 일본에 교특법과 같은 특례제도는 없다. 그러나 교통사고의 후유증은 일반 고의범죄 피해 못지않게 깊고 오래갈 수 있기 때문에, 일본 형사사법 특유의 감수성은 피해자의 정신적 후유증 치유의 방편으로 피해자참가제도를 적극 활용할 수 있게 문호를 넓혔을 뿐만 아니라 교통범죄 가해자들의 정신적 후유증 치유를 도모하기 위해서 도쿄 부근 이찌하라 시에 교통사범 전용교도소를 설립·운영하고 있는 실정이다. 인상적인 장면은 가해자가 사망한 피해자와 영적으로 화해할 수 있도록, 이 전용교도소 안에 신도(神道) 분위기의 제단을 마련해 놓고 있는 점이다.

최근 우리나라도 이 같은 외국의 입법례를 따라 피해자의 공판절차 참여제도를 새로이 입법화해야 한다는 목소리가 점점 높아지고 있고, 법무부도 형사소송법 일부개정안에 이 제도를 도입하기 위한 막바지 노력을 쏟고 있다.79)

물론 범죄피해자의 절차참가를 인정하는 데 대한 반론도 만만치 않다. 즉 국가형벌권의 적정한 행사를 방해한다는 점, 소송의 복잡·지연화를 초래한다는 점, 피고인의 방어권 행사

78) 2009. 5. 7.자 니시니혼(西日本) 신문 보도 내용(위의 글, 674면 주28에서 재인용).

79) 앞의 글 외에도 조균석, 형사절차에서의 범죄피해자보호방안－피해자 참가제도의 도입을 중심으로－(2009년 법무부 용역과제), 법무부, 2009, 37면 이하; 안성수, 형사소송법, 2009, 524면 이하 참조.

를 곤란케 한다는 점, 무죄추정의 원칙에 반한다는 점 등이 그것이다.[80] 실제 오늘날 형사정책에서 나타나고 있는 중벌화경향(punitive turn)은 피해자 및 피해자단체들의 강한 목소리가 하나의 원인인 것이 사실이다.[81] 광장에서 외치는 그들의 법적 소란(legal noise)은 때로는 복수와 응징을 정의로 오해한 데서 출발하기도 하기 때문이다.

하지만 이미 언급했던 바와 같이 피해자의 강벌요구를 공적·사회적 절차 속으로 끌어들여 피해자의 재사회화와 탈트라우마화(Enttraumatisierung)를 제도적으로 해소하지 않으면, 그들의 목소리는 적나라한 복수와 적개심으로 변질될 수 있고, 피해자의 재트라우마화(Retraumatisierung)와 새로운 범죄자군으로의 전락을 유발할 수도 있다는 점이다. 범인의 재사회화 노력 못지않게 피해자의 재사회화에도 사회적 비용과 시간이 많이 소요된다는 사실을 직시한다면 위에서 본 여러 가지 반론들은 충분히 극복할 수 있을 것으로 판단된다.

문제는 피해자의 공판절차참여권이 미구에 형사소송법 개정으로 제도화된다면 헌법적인 기본권 총량에서 피해자의 권리가 현재의 재판절차진술권보다 강화된다는 사실이다. 2009.2.26. 선고 2005헌마764에서 헌재는 교특법 제4조 제1항의 일부 위헌결정의 근거로 중상해와 비중상해로 이분하는 사고도식을 취했고, 중상해에 한하여 헌법상 기본권인 피해자의 재판절차진술권의 침해가 있다고 판단했다. 재판절차진술권보다 더 능동적이고 강화된 재판절차참여권이 제도화된다면 헌재의 상해

80) 이에 관한 상세한 논의는 김영기, 앞의 글, 697면 이하 참조.

81) Il-Su Kim, 「Punitivistische Grundtendenzen der gegenwärtigen Kriminalpolitik?」, 고려법학 제56호(2010), S.530.

정도 이분론에 따른 위헌론의 입지도 다시 흔들릴 공산이 커진다는 점이다. 결국 피해자학적 관점에서 볼 때, 헌재의 교특법 연명장치는 머지않아 작동이 중단되고, 시대착오적으로 탄생한 교특법은 국가법 제도의 뒤안길로 물러나 역사적 유물 박물관에 자리잡게 될 것으로 예측된다.

참고로 여기에 피해자의 재판절차참여권의 실현을 위한 법무부 형사소송법 일부개정법률안의 시안(試案)을 싣는다:

〈형사소송법 일부개정법률안〉

형사소송법 일부를 다음과 같이 개정한다.

제294조의5, 제294조의6, 제294조의7, 제294조의8, 제294조의9를 각 신설한다.

제294조의5 (피해자 등의 피고사건 참가) ① 법원은 다음 각 호의 1에 해당하는 범죄의 피해자, 법정대리인(피해자가 사망하거나 심신에 중대한 장애가 있는 경우에는 배우자 · 직계친족 · 형제자매를 포함한다. 이하 "피해자 등"이라 한다) 또는 이들로부터 참가의 위임을 받은 변호사가 당해 사건의 공판절차(다만, 공판준비절차를 제외한다) 참가를 신청한 때에는 피고인 또는 변호인의 의견을 듣고, 범죄의 성질, 피고인과의 관계 그 밖의 사정을 고려하여 결정으로 참가를 허가할 수 있다.

1. 형법 제24장의 죄 중 제250조, 제252조 내지 제254조(제251조의 미수죄를 제외한다), 제25장의 죄 중 제257조 내지 제259조, 제262조, 제26장의 죄 중 제268조(다만 교통사고처리특례법이 적용되는 경우에 한한다), 제31장

의 죄 중 제287조 내지 제289조, 제294조(제291조 내지 제293조의 미수죄를 제외한다), 제32장의 죄 중 제297조 내지 제303조, 제305조, 제37장의 죄 중 제324조의3 내지 제324조의5(제324조, 제324조의2의 미수죄를 제외한다), 제38장의 죄 중 제337조 내지 제339조, 제340조 제2항, 제3항, 제342조(제329조 내지 제336조, 제340조 제1항, 제341조의 미수죄를 제외한다)의 각 죄

2. 제1호의 죄 중 이를 가중처벌하는 죄

② 제1항의 신청은 사전에 검사에게 하여야 한다. 검사는 피해자 등 또는 그 위임을 받은 변호사의 참가가 필요하다고 판단한 때에는 의견을 붙여 법원에 이를 송부한다. 만약 검사가 그러하지 아니하다고 판단한 때에는 피해자 등 또는 그 위임을 받은 변호사에게 그 이유를 고지하여야 한다.

③ 법원은 다음 각호의 1에 해당하는 사유가 있는 때에는 위 결정을 취소할 수 있다.

1. 제1항의 규정에 의해 참가가 허가된 피해자 등(이하 "피해자 참가인"이라 한다)이 이에 해당하지 않거나 해당되지 아니하게 된 것이 명백한 때
2. 제298조에 의하여 당해 사건이 제1항의 죄에 해당하지 않게 된 때
3. 범죄의 성질, 보복 또는 참가로 인해 공판진행에 현저한 장애가 발생할 우려, 기타 사정을 고려하여 참가를 인정하는 것이 상당하지 않다고 판단되는 때

④ 제163조의2, 제165조의2(다만, 차폐시설 등의 설치 후 신문에 한한다), 제294조의2 제3항, 제4항, 제294조의3은 본조에 의한 참가에 준용한다.

⑤ 본조에 의한 결정에 대하여는 불복할 수 없다.

제294조의6 (피해자 참가인 등의 공판기일 등 출석) ① 피해자 참가인 또는 그 위임을 받은 변호사는 당해 사건의 공판절차에 출석할 수 있다.
② 법원은 피해자 참가인 또는 그 위임을 받은 변호사에게 그 기일을 통지하여야 한다.
③ 법원은 심리의 상황, 참가인의 수 그 밖의 사정을 고려하여 부득이하다고 인정한 때에는 그 기일의 일부에 출석을 불허할 수 있다. 다만, 피해자 참가인의 위임을 받은 변호사에 대하여는 그러하지 아니하다.
④ 피해자 참가인 또는 그 위임을 받은 변호사는 검사 옆에 앉는다.

제294조의7 (피해자 참가인 등의 증인신문) ① 법원은 피해자 참가인 또는 그 위임을 받은 변호사가 증인신문을 신청한 때에는 피고인 또는 변호인의 의견을 듣고, 신문사항, 심리의 상황 그 밖의 사정을 고려하여 상당하다고 인정되면 피해자 참가인 또는 그 위임을 받은 변호사가 증인을 신문하도록 허가한다. 다만, 정상에 관한 증인의 증언의 증명력을 다투기 위한 경우에 한한다.
② 제1항의 신청은 검사의 신문이 끝난 후(검사신문이 없을 때에는 피고인 또는 그 변호인의 신문 후) 신문사항을 명백히 하여 검사에게 하여야 한다. 검사는 당해 사항에 관하여 직접 신문하는 경우를 제외하고 의견을 적시하여 법원에 이를 통지한다.

③ 법원은 피해자 참가인 또는 그 위임을 받은 변호사가 제1항 단서에 규정한 사항 이외에 관하여 신문할 때에는 이를 제한할 수 있다.

제294조의8 (피해자 참가인 등의 피고인신문) ① 법원은 피해자 참가인 또는 그 위임을 받은 변호사가 피고인신문을 신청한 때에는 피고인 또는 변호인의 의견을 듣고, 신문사항, 심리의 상황, 그 밖의 사정을 고려하여 상당하다고 인정되면 피해자 참가인 또는 그 위임을 받은 변호사가 피고인을 신문하도록 허가한다.
② 제1항의 신청은 검사의 신문이 끝난 후(검사신문이 없을 때에는 피고인의 변호인의 신문 후) 신문사항을 명백히 하여 검사에게 하여야 한다. 검사는 당해 사항에 관하여 직접 신문하는 경우를 제외하고 의견을 적시하여 법원에 이를 통지한다.
③ 법원은 피해자 참가인 또는 그 위임을 받은 변호사가 공소사실 및 정상에 관하여 필요한 사항 이외에 관하여 신문할 때에는 이를 제한할 수 있다.

제294조의9 (피해자 참가인 등의 의견진술) ① 법원은 피해자 참가인 또는 그 위임을 받은 변호사가 공소사실의 범위 내에서 의견진술을 신청한 경우 범죄의 성질, 참가인의 연령, 심신의 상태, 피고인과의 관계, 그 밖의 사정을 고려하여 상당하다고 인정되면 검사의 의견진술 후에 피해자 참가인 또는 그 위임을 받은 변호사가 의견을 진술하도록 허가한다. 다만, 이들이 이미 당해 사건의 공판절차에서 제294조

의2 규정에 따라 충분히 그 의견을 진술하여 다시 진술할 필요가 없다고 인정되는 경우에는 그러하지 아니하다.
② 제1항의 신청은 사전에 진술요지를 명백히 하여 검사에게 하여야 한다. 검사는 의견을 적시하여 법원에 이를 통지한다.
③ 제294조의8 제3항은 본조에 의한 의견진술에 준용한다.

제416조 (준항고) ① 재판장, 수명법관 또는 판사가 다음 각 호의 1에 해당한 재판을 고지한 경우에 불복이 있으면 그 법관 소속의 법원 또는 판사에게 재판의 취소, 변경을 청구할 수 있다.
2. 구금, 구속기간의 연장, 압수, 수색, 검증 또는 압수물환부에 관한 재판

《Ⅳ》

규범론적 관점에서 본 근본적인 결함

1. 사회적 갈등해결과 방법

(1) 사회적 갈등해결수단의 일부인 형법

형법의 현실적 임무를 사회통합예방적 관점에서 사회적 갈등해결을 통한 평화로운 공존질서의 확립에 있다고 본다면, 종래의 범죄개념과 형벌개념 및 형법의 규범적 성격과 임무에 관한 관점의 수정도 불가피해 보인다. 왜냐하면 종래 형법은 법규범의 일부로서 사회통제의 기능을 담당하는 것으로 이해해 왔기 때문이다. 형법은 규범 내지 법익침해를 진압하고 파괴된 질서를 회복하는 데 봉사한다는 것이다. 이런 의미에서 형법은 사회통제수단의 일부인 범죄통제의 수단이라고 일컬어져 왔던 것이다.[1)]

그러나 이 같은 사고의 배후에는 범죄를 단순히 범죄인 개인의 측면에서 파악하여 '규범침해' 또는 '법익침해'라고 개

1) Zipf, (김영환 외 2인 번역) 형사정책, 1993, §2. 2. 4. 66면 이하 참조.

념화했던 시각이 깔려 있다. 이 같이 범죄를 단독자로서 범죄인의 일방통행적 행동으로 바라보는 시각에서 벗어나 범죄를 가해자와 피해자 사이의 현실적 생활관계의 파탄에서 파악한다면 범죄는 '가해자와 피해자 사이의 갈등'이라고 재해석할 수 있다. 범죄가 이러하다면 그에 대한 반작용으로서 형벌도 단순한 법의 공적 권위의 선언이나 범인에 대한 해악의 부과가 아니라 가해자와 피해자 사이의 갈등조절이며, 이를 통한 피해자와 가해자 사이의 새로운 사회적 연대성 회복을 포함하는 것으로 재해석되어야 할 것이다.[2)]

물론 인간은 사회적 존재일 뿐만 아니라 사교적 동물이기도 하다. 보통의 경우 신의 성품에 참여한 바 있는 인간의 도덕적 본성과 또한 사회화 과정 속에서 스스로 체득한 후천적 사교본성의 개발로 인간의 공동생활질서는 각자의 자발적인 자기통제에 의해서도 유지될 수 있다. 하지만 인간의 사회적 환경은 항상 변화의 흐름을 타고 있고, 그 환경 자체가 열악해지면 갈등이 생겨나기 마련이다. 따라서 인간은 도덕적 인격의 자기결정권만으로 이를 극복하기 힘들다. 그리하여 때로는 질서파괴적인 일탈행동들이 등장하게 된다.

이 같은 일탈행동을 억제하고 사회적 갈등을 해소하며 평화로운 공동생활의 질서를 유지하기 위해 인간의 사회생활에는 각종 도덕규범과 사회규범, 종교규범 등이 있고, 이것 역시 갈등해결의 기능을 담당한다. 이를테면 가정생활에서 부모의 훈육원칙이나 학교생활에서 교사의 훈육원칙 등이 그것이다. 더 나아가 동호인 모임이나 각종 결사에도 그 모임을 받쳐주는 규

2) 이에 관하여는 김일수, 한국형법Ⅲ, 17면 참조.

약이 있고, 그 규약을 위반하는 사람에게는 제재에 상응한 아픔이나 불이익을 줌으로써 그 규약에 따른 질서가 유지될 수 있는 것이다.

그런데 이러한 사회규범들이 제1차적으로 사회적 갈등해결의 역할을 수행하는 것이 사실이나, 대부분 무정형적이고 비공식적이기 때문에 사회일반의 질서유지를 위한 보편적 기능을 담당할 수는 없는 노릇이다. 여기에 법규범이 등장해야 할 필요성이 생긴다. 법규범이야말로 대개 정형적이고 공식적인 성격을 띠고 있어 일반인의 법적 확신을 능가하는 보편적 효력을 지닌다.

형법도 법규범의 일부인 까닭에 사회적 갈등해결의 기능을 담당한다. 이 갈등해결을 통해 평화로운 공동생활의 질서를 유지하고 파괴된 질서를 회복시키는 데 형법은 봉사하고 있는 것이다. 이런 의미에서 형법은 종래의 관념처럼 사회통제수단의 일부라기보다 사회적 갈등해결수단의 일부라고 말하는 것이 좋을 것이다.[3)]

(2) 사회적 갈등해결의 최후수단인 형법

사회적 갈등해결의 여러 가지 수단 중 정치·종교·윤리·사회규범도 그 위반에 대한 제재와 규범실현에 대한 절차를 갖는다는 점에서 법규범과 다를 바 없다. 그러나 법규범 이외의 다른 사회적 갈등해결수단들은 그들의 규범성이 정형화 내지 공식화되어 있지 않다는 점에서 법규범과 구별된다.

왜 법규범은 이렇게 정형화되어 있는가. 그것은 법규범이

---

3) 김일수, 한국형법Ⅰ, 134면.

사회적 갈등해결을 위한 보편적 적용범위를 갖고 있을 뿐만 아니라 국가적 권위를 힘입어 강제력과 관철력 등 제재의 효과도 다른 규범에 비해 훨씬 강하기 때문이다. 그런데 이러한 강력한 강제력을 지닌 형법이 지배계층이나 법집행자의 자의적인 행사에 치우치게 된다면 갈등해결을 통한 사회통합은커녕 사회적 불신과 혼란만 가중될 것이다.

따라서 형법이 사회적 갈등해결수단의 일부로서 그 본래의 기능을 담당하려면 보충성과 최후수단성을 견지해야 한다. 법규범 이외의 다른 사회규범이나 사회정책·교육정책에 의해서도 평화로운 공존질서를 제대로 유지·회복할 수 있다면, 형법은 그러한 사회규범이나 정책의 갈등해결 기능을 존중하고 그에게 자리를 비켜주어야 한다. 또한 법규범 중에서도 형사제재수단보다 더 가벼운 제재수단을 가지고도 갈등을 해소하고 질서를 충분히 유지·회복시킬 수 있다면, 형법은 이 같은 다른 법규범에게도 그 자리를 양보하고 뒤로 물러나야 한다. 이것을 일컬어 '형법은 사회적 갈등해결의 최후수단'이라고 말하는 것이다.

형법의 다른 법규범에 대한 최후수단성은 동일한 사회적 갈등야기에 대해 민법 또는 행정법상의 제재수단이 존재한다는 사실만으로 형법이 반드시 절제되어야 한다는 것을 의미하지 않는다. 그러한 다른 법질서 영역의 제재수단이 평화로운 공동사회의 질서를 유지하는 데 충분할 만큼 실효성있는 수단인가가 표준이 되어야 한다. 다른 법률에 의한 규율이 일정한 생활사태의 갈등을 진정시키고 규율하는 데 충분할 만큼 실효성 있는 수단이 안 될 때 투입될 형법의 개입은 비록 현실태(status quo)로서는 최후수단이 아니더라도 정당화된다. 다만 그것이 문제된 사회적 갈등해결에 적정한 수단이어야 한다는 점, 형법적 귀속의 일정한 요건들을 충족시킬 수 있는 수단이어야 한다는 점 등의 요건은 갖추어야 한다.

(3) 사회적 갈등해결의 법치국가적 한계

형법의 행위규범과 제재규범은 모두 사회적 갈등해결의 최후수단이지만 또한 가장 진정효과가 빠른 강력한 수단이다. 따라서 자칫 잘못하면 기존의 사회공동체 이익이나 정치체제의 유지·보존을 위한 수단으로도 형법을 남용할 위험과 그에 대한 유혹이 항시 잠재해 있다. 실제로 사회학자 파슨스(Parsons)류의 기능주의나 루만(Luhmann)류의 체계이론에 따르면, 모든 정치적 세계관에 대해서 법은 가치중립적 입장을 취하기 때문에, 그 한에서 형법의 체제수호적 기능도 과소평가될 수 없다고 본다.

그러나 오늘날 법치국가 형법은 권력의 정당성이나 체제의 정당성을 도외시하고 기존의 현상태 유지만을 위해 봉사하는 맹목적인 사회통제수단이 아니다. 오히려 정의와 법적 안정성과 합목적성과 같은 전통적인 법이념 외에도 사회정의와 인간의 존엄성, 공공선과 시민적 삶의 유익성과 같은 가치이념을 함께 추구한다. 또한 이러한 이념적 법가치가 충돌할 때 정의의 가치를 실현하고, 이의 실현에 봉사하고자 한다. 따라서 형법에 대해서도 '실정법적 불법과 초실정법적인 법'(Radbruch)의 문제가 항상 제기되고 있다.

형법은 결코 사회통제를 내세워 기존의 사회체제 유지나 존속을 도모하는 데 사로잡혀서는 안 된다. 그 체제 자체가 무엇을 위해 존재하는지를 비판적으로 성찰할 수 있어야 한다.

사회적 갈등해결의 최후수단인 형법은 시민의 자유와 안전을 위하여, 공동사회의 질서를 위해하는 개인 및 국가권력까지도 형법의 규율 아래 두고자 한다. 따라서 형법의 수범자는 사회 구성원으로서 개인뿐만 아니라 형벌권을 독점하고 있는 국가권력이라는 이중의 구조를 갖고 있다. 사회통제를 위해 국가의 형벌권을 과도하게 행사하거나 국가형벌권 제약을 위해 형법의 사회적 갈등해소 기능을 소홀히 인식하는 것은 다같이 일면에 치우친 입장이다. 이 양자에 봉사하려는 형법질서관이 법치국가 이념에 합치하는 것임은 두말 할 것도 없다.[4]

(4) 사회적 갈등해소를 위한 형법

규범은 원래 당위를 본질적 내용으로 한다. 규범에는 관습규범·윤리규범·법규범이 있고, 단순히 당위만을 요청하느냐 강제의 수단을 동원하느냐에 따라 행위규범과 강제규범으로 구분할 수 있다. 법규범은 국가권력을 배경으로 하고, 강제에 의해 그 실현을 보장한다는 점에서 행위규범과 강제규범의 복합체이다.

형법은 법규범의 일종으로서 범죄라는 역사적·사회적·문화적인 경험적 실재를 규율대상으로 삼는다. 순규범론적 관점에서 볼 때, 범죄란 단지 법익위해(Rechtsgutsbeeinträchtigung)가 아니라 규범위반(Normbruch)이다. 이에 상응하여 형벌도 법규범의 구속력의 저지를 저지시키는 것이다.[5] 규범위반 속에서 범죄인은 사회의 존립조건이 법이라는 사실을 전제한 자기 자신의 이성을 마비시킨 것이며, 형벌을 통해 범죄인은 바로 자신

---

4) 김일수, 앞의 책, 136면.

5) Jakobs, Strafrecht AT, 3. Aufl., 1/21.

의 그 이성적인 것을 회복하는 것이다. 다시 말해서 범죄인은 규범에 반해서 행동하고, 형벌은 거기에 대응하여 규범의 효력을 다시 확증시키는 것이다.[6] 이 같은 관점은 실제 적극적 일반예방론의 관점과 궤를 같이하는 것이다.[7]

공동체적 질서안정과 평화를 위해 형법은 먼저 일반인에게 당위적인 금지 또는 명령의 신호음을 지닌 행위규범을 제시한다. 그리고 만약 일반인들이 이 행위규범의 요구를 무시할 때 일정한 형벌 또는 보안처분을 과하겠다는 제재규범을 제시한다. 형법의 법률요건(구성요건)은 바로 이 행위규범의 호소하는 목소리를 담은 신호체계이고, 형법의 법률효과(형사제재)는 바로 이 제재규범의 경고하는 목소리를 담은 신호체계이다. 행위규범은 금지 또는 명령을 통해 일반인을 바른 길로 인도하고, 제재규범은 형벌 또는 보안처분을 통해 행위규범 준수를 실효성 있게 만든다.[8]

형법규범이 어떤 내용을 담고 있고 또 어떤 사람에게 어떻게 적용되느냐에 따라 형법규범이 평가규범인가 결정규범인가 하는 논의가 오래 전부터 있어 왔고, 그 논의는 오늘날까지 계속되고 있다. 형법규범은 법수범자의 일정한 행위를 요구하는 입법자의 의사표현이며, 이에 의해 법수범자를 올바른 의사결정에로 이끌어주는 역할을 한다는 점이 바로 결정규범의 측면이다. 이에 반해 형법규범은 인간의 공동생활에 관한 외적

6) Jakobs, Zur gegenwärtigen Straftheorie, in : Kodalle(Hrsg.), Strafe muss sein! Muss Strafe sein?, 1998, S.39.

7) Il-Su Kim, 「Das Liebesstrafrecht hinterem Berge des Feindstrafrechts」, 고려법학 제49호(2007), 7면 이하 참조.

8) Freund, Strafrecht AT, §1 Rn. 5ff.

규율이며, 인간의 행위가 입법자에 의해 표상된 공동체질서에 합치하는가 또는 모순되는가를 평가하는 객관적·사회적 생활질서라는 점이 바로 평가규범의 측면이다.

메츠거(Mezger)에 의하면 평가규범으로서의 형법은 결정규범으로서의 형법에 대해 논리적으로 우선한다는 것이고, 빈딩(Binding)은 결정규범으로서의 형법규범에 체계의 중점을 두고 있다. 벨첼(Welzel)의 목적적 범죄체계는 규범론적 관점에서 빈딩의 규범논리를 수용한 것이다. 결정규범론은 법규범이 말하는 소리에 인간이 내면적으로 바르게 응답하여 행동해야 할 의무를 전제한 것이므로, 범죄란 바로 의무위반을 의미한다는 것이다. 이에 반해 평가규범론은 행위의 객관화로 타인의 법익에 입힌 위해를 우선적으로 문제삼고자 하는 것이므로 범죄란 바로 법익위해를 의미한다는 것이다.

그러나 법규범은 원래 사고(思考)의 세계와 현실의 세계의 결합이며, 형법규범도 마찬가지이다. 따라서 형법은 평가규범일 뿐만 아니라 동시에 결정규범으로 이해하지 않으면 안된다. 수범자(受範者)에게 일정한 의사결정을 요구하기 위해서는 법적인 평가가 전제되어야 하고, 결정규범에 위반한 행위의 결과는 평가규범에 의한 가치판단을 받아야 하기 때문이다. 요컨대 평가규범 없는 결정규범은 형법의 지평을 행위자의 의식의 내면까지 과도하게 확장할 위험이 있는 반면, 결정규범 없는 평가규범은 맹목에 치우칠 우려가 있다.

2. 위험형법론의 도전

후기 현대의 탈산업화·정보화사회는 독일의 사회학자 벡

크(Beck)가 정의한 대로 위험사회(Risikogesellschaft)로 변모하였다. 근대화·산업화가 스스로 자기 기반을 뒤흔드는 위험까지 양산하였고, 원자력 위험, 화학적 위험, 생태학적 위험, 유전공학적 위험과 같은 새로운 위험이 인류의 생존 자체를 위협하는 단계에 이르렀다. 작은 실수가 큰 위험을 초래하는 경우가 허다하다. 이를 방지하려면 작은 실수부터 금지시켜야 한다. 따라서 위험사회에서 위험예방은 작은 악의 싹부터 잘라내는 철저한 사전예방이 아니면 안 된다는 것이다.

생활관계의 변화는 형법의 변화를 가져오기 마련이다. 이미 19세기의 자유국가로부터 20세기의 사회국가로 이전하면서 형법의 기본관점도 사후 진압적 통제모델로부터 예방적 조절모델로 변화했다. 즉 응보보다는 예방사상이, 특별예방이나 소극적 일반예방보다는 적극적 일반예방사상이 형사입법의 정당성을 위한 논거로 등장하였다. 후기 현대적 위험사회는 새로운 위험에 대처하기 위해 형법적 보호를 확장하고 그 보호영역을 넓히는 경향이 있다. 이 같은 예방사고는 전통적인 법치국가형법을 사회국가의 신축성 있는 조정기구로 재해석하도록 유도한다. 심지어 형법의 목표는 이제 더 이상 범죄투쟁에만 머물지 않는다. 투자·환경·건강·외교정책에 대한 원활한 지원을 위해 형법수단이 투입되기도 한다. 또한 구체적인 법익침해에 대한 단편적인 억지로부터 벗어나 거시적으로 문제상황에 대처하기 위해 새로운 위험행위 자체를 규율대상으로 삼고자 한다.

전통적인 법치국가형법관에 따르면 형법은 일면 강제력을 수반하는 통제수단이지만 타면 시민적 자유를 보호하는 장치였다. 법치국가형법은 입법자의 자유통행로가 아니라 사회적 문제해결의 최후수단일 뿐이다. 이러한 고전적 법치국가 형법관을 고집하는 한 위험사회의 새로운 위험에 대응하는 형법적 수단도 법치국가의 한계를 벗어날 수 없다는 결론에 이른다.

이에 반해 전통적인 법치국가형법은 새로운 범죄유형, 특히 미래의 안전과 관련된 범죄유형에 대처하는 데 적합하지 않다고 생각하는 사람들은 위험사회의 새로운 위험에 대처하기 위해 이른바 위험형법의 등장을 주창한다. 미래의 안전과 관련된 보호영역에서는 명백하게 윤곽이 드러난 보호법익을 확정하기 어렵기 때문에, 정당한 범죄화의 소극적 기준으로서 그 자리를 굳힌 법익사상을 더 이상 고집하지 말고 대신 문화적으로 각인된 행위규범을 기준삼아야 한다는 제안이다. 그리하여 위험형법은 이제 '새로운 법익'이 아니라 '새로운 행위'를 형법적 통제의 대상으로 삼아야 한다는 것이다. 21세기의 문제를 18세기의 정신적 도구를 가지고 해결할 수는 없다는 인식 때문이다.

그리하여 위험형법에서는 ① 전통적인 법치국가형법의 보충적 법익보호사상을 실효성 있게 완화할 수 있고(보편적 법익 개념의 확대, 피해자 없는 범죄의 영역확대), ② 형법의 투입으로 정치적 이익을 얻을 수 있는 곳에서는 즉각 보충성의 원칙을 밀어내고 형법을 투입해야 하며(특별형법의 비대화 인정), ③ 결과범 이전단계의 광범위한 처벌화(추상적 위험범의 영역 확대, 기수 이전 단계의 미수 예비의 처벌범위 확대), ④ 환경형법 · 여성보호형법(성폭력 예방법) 분야에서 사람들의 주의를 환기시킬 수단으로 형벌의 활용(형법의 최우선수단화, 국민계몽의 도구화) 등 예방입법 · 상징입법의 경향을 긍정적으로 받아들인다.

법치국가의 고전적 형법관을 고집하는 견해는 현대사회의 다양한 문제들에 대한 형법적 임무에 대해 맹목적이고 지나친 소극주의요, 그 반대의 편에 서 있는 위험형법사고는 전통적인 자유주의의 투쟁의 산물인 인권보장을 경시할 위험이 있다. 현대형법이 처한 이러한 곤궁상태에서 탈피하기 위해 최근 하쎄머(Hassemer) 교수는 현대형법을 핵심형법으로 축소시키고, 형법과 질서위반법, 사법(私法)과 공법(公法) 사이에 간섭법(Interventionsrecht)을 위치시킨 뒤 현대사회의 난제들 중 핵심형법으로 해결할 수 없는 것은 신축성 있는 위험형법을 통해서가 아니라 오히려 형법보다 작은 보장, 작은 절차규율, 작은 제재력을 갖는 간섭법으로 해결할 것을 제안한다.

히르쉬(Hirsch) 교수도 형법은 국가행위의 최후수단이지 근본적인 사회정책의 대체수단이 아님을 전제하고 형법은 단지 보충적 부수적 임무만 갖고 있으며, 현대사회의 형법이라고 해서 현대과학기술분야에서 갈릴레이식 재판에 악용되어서는 안 된다는 점을 강조한다. 그러나 히르쉬 교수는 오늘날의 형법적 도구는 18세기의 유물이라기보다 오히려 200년간 점진적 발전을 거듭해 온 정신적 산물이므로 위험사회의 새로운 위험갈등 요인들에 대한 형법적 대응을 전통적 법치국가의 틀 안에서 입법과 이론학(理論學, Dogmatik)의 조화를 통해 해결할 것을 촉구한다. 그리하여 법인의 범죄능력을 인정함으로써 환경범죄, 경제범죄의 규율에서는 형법의 보다 적극적 개입을 인정해야 한다는 입장이다.

결국 위험사회의 형법이라고 해서 전통적인 법치국가형법의 제한을 완전히 벗어난 위험형법이 될 수 없다는 것이 오늘날 지배적인 견해이다. 그러나 위험사회의 난제들을 극복하기 위한 실효성 있는 대책을 형법은 결코 외면해서는 안 된다. 문제는 현대적 위험에 대해 형법은 무엇을 어떻게 해야 할 것인가하는 점이다.

이와 같은 현대형법의 과제를 풀자면 다음과 같은 형법정책이 필요하다:

첫째, 형법이 직면하고 있는 현대적 생활사실에 대한 분석으로부터 출발해야 할 것이다. 즉 핵심형법분야, 경제형법분야, 원자력형법분야, 환경형법분야, 유전공학형법분야, 의료생명기술형법분야, 제조물형법분야, 컴퓨터형법분야 등 특수한 생활사실 속에서 나타나고 있는 위험요인과 그 대책을 분석하여 각 토픽에 알맞은 문제해결방식을 모색하는, 이른바 문제변증론적 사고가 필요하다.

둘째, 형법의 개입을 즉각적으로 요구하는 분야, 형법적 개입보다 행정조치 또는 자율적 윤리위원회의 규율만으로도 충분히 통제할 수 있는 분야 등을 세분하여야 한다.

셋째, 같은 분야의 생활사실에 대한 형법적 규제도 범죄의 질에 따라 그 경중을 달리하여 형법적 대응과 경범죄적 대응 중 어느 것이 실효성 있고 충분한 수단인지를 검토해야 한다.

그리하여 보통의 생활 사태에 대해서는 부드러운 최후수단의 법으로, 특별한 위험상황에 직면해서는 강한 우선수단의 법으로 형법은 신축성을 지닌 법으로 접근해야 한다.

이처럼 일견 모순되는 듯한 현대형법의 성격은 델타모델(Deltamodel)로 이해하면 쉽게 설명될 수 있다. 삼각주(Delta)는 끊임없이 흘러내려오는 강의 하구에서 생성된다. 그것은 하수(河水)가 들어갈 수 없는 경계선을 지닌 섬과도 같다. 현대의 위험사회에서 법치국가형법은 원칙적으로 전통적인 자유보장책 안에서 흘러가는 강물 같지만 파도와 부딪치는 하류(下流)에서는 이미 그 흐름의 영향에서 벗어난 새로운 델타영역과 마주치고 만다.

현대형법의 델타는 환경형법·마약형법·경제형법·원자력형법·여성보호형법·의료생명기술형법·컴퓨터형법 분야에서 뚜렷해진다. 여기에서는 형법이 위험을 예방할 수 있는 실효성 있는 안전확보의 수단으로 극대화하는 경향이 있다. 위험사회의 위기에 대처하는 일반시민들의 형법에 거는 기대가 높아졌고 입법자들과 정치인들도 이러한 안전요구를 선불리 외면할 수 없기 때문이다. 그것은 하나의 모험에 속하지만 민주국가는 모험의 주체인 국민을 신뢰해야 하기 때문이다.[9)]

3. 형법의 임무론에서 본 문제점

(1) 논의의 출발

근세 계몽기 이래 학자들은 형법의 정당한 임무에 관해 논의를 펴 왔으나, 이 같은 논의는 오늘날까지도 계속되고 있다. 특히 형법의 임무는 형법규범의 정당화와 범죄개념의 구성 및 국가형벌권의 정당성과 한계를 정하는 데 결정적인 의미를 갖고 있다. 뿐만 아니라 형법개정의 형사정책적 방향을 설정할 때에도 언제나 논의의 중심테마로 등장해 왔던 것이 사실이다. 종래 형법의 임무와 관련해서는 보충적인 법익보호라는 입장이 우위를 점하여 왔다. 이 같은 입장에 대해 보다 근원적인 물음으로부터 출발하고 있는 것이 이른바 사회윤리적 심정가치의 보호라는 관점이다. 이에 비해 보다 현실적 기능면에서 출발하고 있는 것이 사회보호 그 자체라는 관점이다.

---

9) 김일수, 「전환기의 법학 및 형법학의 과제」, 법·인간·인권, 1996, 536면 참조.

(2) 보충적인 법익보호

형법의 임무는 오직 보충적인 법익보호에 있다는 관점이다. 법익보호론의 중심개념은 물론 법익 그 자체임에 틀림없다. 이 법익개념은 1834년 비른바움(Birnbaum)이 처음 사용한 이래 계몽주의적·자유주의적 형법의 형성기를 지나 최근 수십 년간 형법개정운동에 이르기까지 가벌성의 실질적 근거제공 및 가벌성제한의 기준으로서 결정적 역할을 감당해 왔다.

계몽주의 이전만 해도 국가권력은 신의 정의를 실행하는 집행관으로 이해되었고, 최근세까지도 국가는 필요한 경우 인간을 그의 의사에 반해서라도 올바른 길로 인도해야 할 위대한 훈육선생으로 자임해 왔다. 그러나 세계화과정을 거친 오늘날의 민주적·자유적·사회적 법치국가에서는 모든 국가권력이 국민으로부터 나온다는 사실이 확정된 이상, 국가권력은 더 이상 국민의 윤리교사와 같은 이데올로기적 기능에 머물러 있을 수 없게 되었다.

따라서 국가의 임무는 오히려 시민들이 안전한 공동생활을 영위하기에 필요불가결한 조건들을 마련하고, 그에 대한 내·외의 공격과 침해위험으로부터 이를 보호해 주기만 하면 충분하다. 이것이 바로 형법의 임무로서 보충적인 법익보호의 기능에 해당하는 것이다. 이렇게 볼 때 형법의 고유한 규율대상이 되는 범죄도 실질적으로 법익침해라고 정의내릴 수 있게 된다. 뿐만 아니라 범죄에 대한 대응수단인 형벌 및 보안처분도 법익보호임무를 맡고 있는 국가의 독점물이 아닐 수 없다.

이 같은 결론은 실제 국가가 모든 범죄의 제1차적 피해자이며 국가가 형벌 및 보안처분을 부과함으로써 자기만족을 취하게 될 때, 법질서는 부분적으로 회복되리라는 낙관론에 이르게 된다. 그러나 오늘날 급증하는 범죄현상에 대해 국가는 무엇이라고 말할 수 있는가. 형벌권의 독점과 국가 자신을 피해자로 자처하는 관점은 사회학적 또는 사회심리학적 측면에서 사회적 갈등해결에 미흡하다는 점이 누누이 지적되어 온 바이다.

따라서 법익보호사상은 아직도 형법의 임무를 전체적인 사회통제의 일부로 파악하지 못하고, 범죄문제를 단지 국가와 범죄인 개인의 행태 사이에서 야기되는 규범위반 및 그에 대한 대응책에 그친다는 비판의 여지를 남긴다. 그것은 다시 말해서 법익침해에만 치우친 형법은 현실적인 범죄피해자에 대해서는 맹목적일 뿐 아니라 피해자와 범인 사이에 존재하는 갈등해결에도 무기력하다는 점을 뜻한다.[10)]

(3) 사회보호

형법의 임무는 법익보호에 있지 않고 도리어 사회 그 자체의 보호에 있다는 관점이다. 사회의 보호란 원래 평화로운 공동생활의 여러 가지 조건들을 확보해주는 것을 뜻하지만, 오늘날 이것을 현대사회학에서 유용하게 활용되는 체계이론(Systemtheorie)에 의해 구체화하여 형사정책적으로 새로운 각도에서 형법의 임무를 규정해 보고자 하는 노력들이 있다.[11)]

체계이론은 사회를 사회체계(Sozialsystem) 내지 상호작용체계(Interaktions- system)로 설명한다.[12)] 사회체계는 그의 존립문제를 이 체계의 존속을 보장하는 방법으로 사회화과정을 조직화함으로써 해결하려고 한다.[13)] 이를테면 행위는 전적으로 우연

10) Koch, Jenseits der Strafe, 1988, S.37f.

11) Amelung, Rechtsgüterschutz und Schutz der Gesellschaft, 1972, S.350ff.

12) Luhmann, Grundrechte als Institution, 1965, S.191.

에 좌우되는 것이 아니므로, 이미 자연적인 동기가 행동을 체계합치적으로 조종하지 않는 곳에서는 사회화과정을 통해 이 동기가 그에 맞도록 조정되어야 한다는 것이다. 이러한 체계론적 관점에서 범죄는 무엇이며, 형법의 임무는 무엇인가를 관찰해보면, 다음과 같은 몇 가지 개념들이 설정될 수 있다고 한다.

어떤 역기능적 현상이나 사회의 체계가 그의 존립문제를 해결할 수 없도록 하거나 어렵게 하는 사회현상은 사회유해적이라고 말할 수밖에 없다. 따라서 범죄란 사회존립문제의 해결에 필요한 제도화된 규범에 대한 충돌로써 역기능적이다. 형법의 임무는 체계문제의 해결을 저해하는 행위에 대해 하나의 사회통제 장치로서 대응하는 것을 말한다.[14]

그러나 체계이론은 특히 존립문제를 중요시하므로 개인의 필요를 주요대상으로 삼는 것이 아니라 다수인 사이의 상호작용의 필요성을 그 대상으로 삼는다. 공동생활에는 적어도 두 사람 이상이 있어야 하므로, 여기에서는 필연적으로 다수가 고려의 중심이 되지 개개인이 고려의 중심에 놓일 수 없다. 뿐만 아니라 체계이론적 사회고찰은 모든 정치적 세계관에 대해서 가치중립적이다. 심지어는 Stalin정권이나 Nazi의 강제수용소체계의 존립조건에 대해서조차 가치중립적일 수 있는 것이다.

그러므로 기능적 고찰은 그것이 형법규범의 정당성을 심사하는 데 투입된다면 문제가 되지 않을 수 없다. 바로 그 이유 때문에 형법적 임무를 체계이론적으로 서술하는 데서도 기능적 사회학에서가 아니라, 법체계에서 취한 두 가지 규범적 전제를 앞세우게 된다. 첫째, 헌법질서 내에서 민주공화국 사회체계의

13) Parsons, The Social System, 2nd Printing, 1952, p.24.

14) Amelung, a.a.O., S.361.

유지에 기여할 수 있는 범죄구성요건만이 정당하다는 요청이다. 둘째, 이러한 사회체계의 구조는 헌법을 통해서만 정당화된다는 것이다.[15)]

이처럼 체계이론과 규범적 전제를 결합시켜야 할 요청은 반드시 어떤 논리필연성을 갖고 있는 것은 아니라는 점에서 사회보호를 형법의 임무로 삼는 견해에 대해서도 비판의 여지가 있다. 사회체계구조의 결정을 헌법규범의 틀에 맞춘다면 그것은 이미 체계이론의 포기를 자인하는 결과가 될 것이다. 헌법규범의 틀을 극소화하고 사회체계구조를 극대화하려고 한다면 그것은 또한 체계구조결정이 하나의 정치적 결단의 문제로 돌아간다는 사실을 자인하는 결과가 될 것이다.

그러므로 이러한 기능적 관점에 의해서 가벌성을 만족스럽게 제한할 수 있을지는 의문이다. 뿐만 아니라 사회체계의 실존조건을 형사입법의 척도로 삼는다면 법익론의 자유주의적 경향과 개인의 자유를 출발점으로 삼는 시각은 이론적인 양보를 감수하지 않으면 안 될 것이다.[16)]

(4) 사회윤리적 심정가치의 보호

형법에서 가장 중요한 임무는 기본적인 사회윤리적 심정가치의 보호에 있는 반면, 개개 법익의 보호는 단지 이에 부수되어 간접적으로 고려될 뿐이라는 견해이다.[17)] 이 입장은 형법의 규범적 성격을 제1차적으로 결정규범(Bestimmungsnorm)이라고

---

15) Amelung, a.a.O., S.390.

16) Roxin, 「Zur Entwicklung der Kriminalpolitik seit dem AE」, in: JA (1980), S.546.

17) Welzel, Das Deutsche Strafrecht, 11. Aufl., S.4.

보는 인식에서 출발한다. 따라서 입법자의 명령은 언제나 행위의 목표를 법의 요구에 정향(定向)시켜야 할 인간을 향하고 있다는 것이다. 만약 행위자가 이 같은 법의 요구에 맞추어 행동하지 않을 때 형벌은 법적 심정의 기본가치에 대한 효력을 확증하기 위해 과해지는 것으로 본다.

따라서 형법은 단지 결과가치에 직결된 법익보호를 위한 기능에만 국한될 수 없고, 제1차적으로 근원적인 행위가치를 보존하는 임무를 갖고 있다. 행위가치를 실효성 있게 보장하자면 무엇보다도 법에 충실한 시민을 교육하는 것이 불가결하다는 것이다.

벨첼(Welzel)은 이것을 다음과 같이 요약하고 있다. "단순한 법익보호는 단지 소극적·예방경찰적 목표설정만을 갖는다. 이와 반대로 형법의 가장 의미심장한 임무는 적극적·사회윤리적 성격을 갖는다. 즉 형법은 법적 심정의 기본가치가 현실적 실행에 의해 몰락하는 것을 저지하고 처벌함으로써, 적극적 행위가치의 불가침적 실효성을 천명하고, 시민의 사회윤리적 판단을 형성하며 또한 그들의 법에 충실한 심정이 항상 유지될 수 있도록 강화해 준다."[18]

이 견해에 대해 특히 독일에서는 1970년 중반까지 많은 이론(異論)이 제기되었다. 형법의 윤리화를 초래한다는 비판,[19] 현대국가는 시민의 윤리의식의 고양(高揚)에 영향을 줄 어떠한 직권도 갖고 있지 않다는 점으로부터의 비판,[20] 법과 윤리의

---

18) Welzel, a.a.O., S.3; ders., Aktuelle Strafrechtsprobleme im Rahmen der finalen Handlungslehre, 1953, S.15ff.

19) Lampe, Das personale Unrecht, 1967, S.93f.

20) Sax, 「Grundsätze der Strafrechtspflege」, in: Die Grundrechte, Bd. Ⅲ/2,

성급한 혼합 및 형법사고에서 법익이념을 주관적인 심정요소에 의해 축출하는 것을 반대하는 입장으로부터의 비판[21] 등이 그것이다.

그러나 벨첼 자신은 심정도 하나의 법적 가치이며, 반드시 도덕적 가치여야 하는 것은 아니라는 점, 형법에 의해 그 실효성이 보장되는 행위가치도 기능상으로는 법익보호에 이바지하고 있다는 점을 강조하여 왔다. "기본적인 사회윤리적 행위가치의 보장을 통해서만 실제로 지속적이고 근본적인 법익보호가 이루어질 수 있고 법익보호는 일반적인 복리보호사상(Allgemeiner Güterschutzgedanke)에 의해서라기보다 형법의 포괄적인 사회윤리적 가치에 의해 더 깊고 더 강하게 보장되는 것"이라는 언급에 이어, 벨첼은 다음과 같은 정의에 이른다. "형법의 임무는 기본적인 사회윤리적 행위가치의 보호를 통한 법익보호이다."[22]

이로써 벨첼의 형법임무규정은 두 가지 핵심내용에 기초하고 있음이 분명하다. 즉 사회윤리적 심정가치(행위가치)의 보호와 법익보호가 그것이다. 이 양 요소의 관계는 벨첼의 사후 10년이 지나도록 분명한 이해에 이르지 못했던 것이 사실이다. 그러나 1980년대 후반에 이르러 형법에서 적극적 일반예방사상이 각광을 받게 되고, 그것이 급기야는 하나의 형벌목적 범주를 넘어 형법의 임무로 인식되면서[23] 벨첼의 의도도 새롭

S.912.

21) Würtenberger, Die geistige Situation der deutschen Strafrechtswissenschaft, 2. Aufl., 1969, S.66.

22) Welzel, a.a.O., S.5.

23) Jakobs, Strafrecht, AT, 1983, S.7ff.

게 해석되기 시작했다.[24] 그리하여 벨첼에게 법익보호는 형법이 지향하는 목표이지만, 그 목표도달의 수단 내지 임무는 사회윤리적 행위가치의 보호라는 것이다. 바로 사회윤리적 행위가치의 이 같은 목표관련적 기능은 일찍이 형법의 도덕형성력(Sittenbildende Kraft des Strafrechts)[25]을 그 이념적 출발점으로 삼는 적극적 일반예방사상의 다른 표현에 불과하다는 점에 오늘날 대체적인 의견의 일치가 이루어지고 있는 셈이다.

(5) 소 결

형법이 법공동체를 위한 포괄적인 평화보장의 임무를 갖고 있지 않다는 점에는 의문의 여지가 없다. 그럼에도 형법은 법질서의 부분영역으로서 정의와 안전을 추구하고 이를 통해 인간다운 공동생활의 평화질서를 보장하는 데에도 기여한다. 문제는 형법이 그와 같은 평화로운 공동생활의 질서를 위해 어떠한 기능과 작용을 감당해야 하는가라는 점이다.

이 물음에서 볼 때 위에서 언급한 종래의 여러 견해들은 일면의 진실을 담고 있음이 분명하다. 이러한 입장들을 형법의 현실적인 임무의 관점에서 어떻게 조화롭게 합일시킬 수 있느냐 하는 점이 중요하다.

형법이 법공동체에 의해 보호할 가치 있는 것으로 승인된 법익을 보충적으로 보호할 임무를 지니고 있음은 어떠한 이유로도 부인되어서는 안 된다.[26] 그러나 법익보호는 현실적인 임

---

24) Armin Kaufmann, Strafrechtsdogmatik zwischen Sein und Wert, 1982, S.263ff.

25) Hellmuth Mayer, Das Strafrecht des Deutschen Volkes, 1936, S.33.

26) Roxin, 「Zur Entwicklung der Kriminalpolitik seit dem AE」, in:

무수행을 통해 형법이 지향해야 할 목표라고 하는 관점에서 파악하는 것이 좋다. 법익은 형법이 현실적으로 실현해야 할 보호의 대상을 형법규범이라는 도구를 빌려 구체화하는 이념적·정신적 실체이기 때문이다. 이러한 법익보호의 목표에 도달하는 길은 반드시 형법규범의 수단에 의해서만 이루어지는 것은 아니다. 상호작용(Interaktion)의 체계인 사회 속에 이미 존재하고 있는 여러 가지 규범의 요소에 의해서도 법익보호를 통한 공동체의 평화질서는 유지될 수 있기 때문이다.

결론적으로 말하자면 종래의 법익보호를 형법의 최종목표로 삼고, 그의 구체적인 실현을 위해서는 사회체계적 규범모델이나 적극적 일반예방과 연관된 사회윤리적 행위가치모델을 형법의 임무 내지 현실적으로 작용하는 기능장치로 포괄하는 것이 바람직하다는 생각이다. 다시 말해서 사회보호 및 사회윤리적 심정가치의 보호라는 관점을 법익보호라는 형법의 목표를 위한 수단으로 파악함으로써 이들 관점 상호간의 조화를 꾀하는 것이 좋으리라고 본다.

(6) 형법의 임무에서 본 교특법 특례조치의 문제점

종래 범죄를 규범침해 내지 사회윤리적 법익침해로 이해할 때 가벌성에 의미 있는 영역은 법익을 보호하고 있는 형법규범과 범인 사이의 관계에 국한되었다. 여기에서 규범은 정태적인 법규범이었고 중요한 것은 규범회복을 위한 형벌권의 작용이었다. 침해된 법규범을 회복하기 위해서는 규범침해자를 억누르

JA(1980), S.546; Arth. Kaufmann, 「Subsidiaritätsprinzip und Strafrecht」, in: Henkel-Festschrift, 1974, S.102; Stratenwerth, 「Zur Relevanz des Erfolgsunwertes im Strafrecht」, in: Schaffstein-Festschrift, 1975, S.185.

고 진압하는 방법으로써만 가능하다고 생각했다. 형법 스스로 규범침해자가 규범을 침해한 정도만큼 그를 침해하고, 그 침해자를 규범의 힘 앞에 복종시킴으로써 규범이 규범침해자보다 강하다는 것을 보여 주는 방법이었다. 따라서 범죄란 국가에서 제정한 법규범의 침해이며, 이 침해를 회복하기 위해서는 침해자를 진압할 목적으로 과해지는 형벌수단에 의존할 수밖에 없었다.[27]

이러한 범죄관 및 형벌대응관에서 두드러지게 나타나는 것은 바로 범죄피해자의 중립화요,[28] 범죄인에 대한 과도한 국가형벌권행사의 남용을 막기 위한 법치국가적 배려이다. 범죄피해자의 지위약화는 피해자나 피해자 씨족의 사적 대응으로부터 절대국가의 형성 후 형벌권의 국가독점화 현상으로 제도화하였다.[29] 이 독점화과정에서 국가는 범죄피해자에 대해 범죄에 대한 사적 대응을 완전히 박탈했을 뿐만 아니라 국가 스스로 범죄에 대한 피해자로 자처하게 되었다.

따라서 예컨대 재산범인이 피해자에게 재산손해액을 배상할 만한 자력(資力)밖에는 갖고 있지 않을 때에도 국가는 범인에게 먼저 국가자신의 피해를 회복시키기 위해 벌금지급을 강제함으로써, 실제 피해자가 가해자로부터 원상회복을 받을 경

27) Neumann, 「Die Stellung des Opfers im Strafrecht」, in: Hassemer (Hrsg.), Strafrechtspolitik, 1987, S.240.

28) Hassemer, Einführung in die Grundlagen des Strafrechts, 1981, S.67; Jung, 「Zur Rechtsstellung des Verletzten im Strafverfahren」; JR(1984), S.309; Sessar, 「Über das Opfer. Eine viktimologische Zwischenbilanz」, in: Jescheck-Festschrift, 1985, Bd. 2, S.1138.

29) 이에 관하여는 Eb. Schmidt, Geschichte der Deutschen Strafrechtspflege, 3. Aufl., 1965, S.48ff.

제적 바탕을 소멸시키는 결과를 낳는다는 사실에 대해서는 완전히 눈을 감아 왔다.30)

범죄를 법익침해 내지 규범침해로 보는 이 같은 범죄관에 대해 법적 평화회복의 실효성 있는 가능성의 관점으로부터 범죄를 구체적인 인간관계의 침해(Verletzung einer konkreten Person)로 파악하는 견해가 대두되고 있다. 이 입장에서는 범죄를 가해자와 피해자의 상호작용의 파괴 내지 인간관계의 갈등으로 이해한다. 특히 개인적 법익을 침해하는 범죄는 범인과 피해자 사이의 갈등을 주된 내용으로 삼는다는 것이다. 이러한 범죄관에서는 갈등문제의 해결 내지 사회적 상호작용의 회복을 위해서 되도록 국가의 개입을 극소화하고 갈등해결도 갈등의 당사자들에게 되돌려 줄 것을 요구하게 된다.

또한 국가가 형법을 수단으로 하여 사적 갈등해결의 방법을 제약하는 경우에도 그것을 종래처럼 국가형벌권 독점에 의한 권력요구로 이해하지 않고 사회적 차원에서의 갈등해결의 보편화현상으로 이해한다. 이러한 갈등해결의 방법에서 특징적인 것은 형법이 범죄피해자를 배제시키는 중립화장치가 아니라 피해자와의 연대화장치로서의 의미를 갖는다는 것이다.31)

구체적인 인간관계침해로서의 범죄관에서도 규범의 의미는 물론 중요하다. 왜냐하면 피해자와의 연대화과정에서도 규범정향성에 의한 법과 불법의 구별은 중요한 범주로 전제되어 있기 때문이다. 범죄를 규범 그 자체의 침해로 보느냐, 규범의 척도에 따라 정당한 것으로 승인된 이익을 침해한 것으로 보느냐는 큰 차이가 있다. 그렇지만 전자가 규범을 법규범(Rechtsnorm)으

30) Neumann, a.a.O., S.225f.

31) Neumann, a.a.O., S.236f.

로만 파악하는 반면, 후자는 사회에서 통용되는 일정한 행위규칙을 내포하며, 갈등해결도 이러한 사회규범의 안정화를 의미한다. 따라서 사회규범·사회적 행위규칙의 안정화는 반드시 국가에 의해 제정된 규칙이나 규범의 관철만을 뜻하는 것이 아니다.

이렇게 볼 때 국가적 규범과 사회적 규범 사이의 차이는 규범의 상이한 질적 차이가 아니라 규범체계 자체의 차이에서 비롯된다. 그것은 상이한 규범개념에서 도출되는 것이기도 하다. 국가에 의해 제정된 법규범은 일반적인 행위지시(行爲指示)를 내포하며, 그의 구속력은 규범제정기관의 권능에서 나온다. 이에 비해 사회규범은 행위지시가 아니라 행위기대(行爲期待)를 의미한다.

그러므로 침해된 법규범의 회복을 위해서는 규범침해자를 억압하고 규범제정권의 위력을 천명함으로써 가능하다. 하지만 침해된 사회규범의 회복은 기대실추를 회복하고 기대를 유지함으로써 이루어질 수 있다. 또한 기대실추의 회복은 반드시 규범침해자에 대한 해악적 처벌로써만이 아니라 피해자에게 공동책임을 귀속시키거나 피해자와 가해자의 화해를 통해서도 이루어질 수 있다. 바로 여기에 범죄피해회복제도가 새로운 형사제재로서의 보편적 기능을 담당할 수 있는 이론적 여지가 있다.[32)]

이러한 입장에 설 때 가해자가 피해자에 대해 부담하는 범죄피해자복구제도가 하나의 새로운 형법제재로서 기존의 형법·보안처분과 더불어 형법의 적극적 일반예방기능실현에 기여할 수 있는 가능성을 승인하지 않을 수 없다. 이러한 피해

---

32) 이것을 오늘날 형법의 규범안전성을 위한 임무라는 측면에서 적극적 일반예방이라고도 부른다.

복구제도의 현실화는 단순한 형법의 사법화(Reprivatisierung des Strafrechts)[33]를 의미하는 것이 아니다.

필자의 생각에는 단순한 보험 또는 공제제도를 통해 일방적으로 형법적 교통범죄문제를 해결하려는 교특법의 착상이 바로 형법정책적 관점에서 의문시되는 형법의 사법화처럼 보인다. 피해자가 주도권을 잡고, 일정한 관점에서 가해자의 처벌을 원하지 않을 경우 공소절차의 개시 및 진행을 중단시키는 반의사불벌죄 조치는 다른 업무상과실 및 중과실 치상죄와의 균형을 깨뜨리는 특례라는 점을 차치한다면 형법정책적으로 치명적인 잘못이라고 단정할 것까지는 못된다. 하지만 종합보험가입을 전제로 공소권을 원천봉쇄한 조치는 형법의 사법화로서 문제가 있는 정도가 아니라 위험하기까지 하다는 점이다. 형법규범의 의식화를 통한 규범안정화라는 적극적 일반예방기능을 방해할 뿐만 아니라, 끝내는 도로교통에 참가하는 운전자들을 규범이완상태로 오도할 수 있기 때문이다.

---

33) 형법의 사법화(私法化) 내지 사도구화(私道具化)를 형법폐지주의의 입장에서 지지하는 견해로는 Christie, 「Conflicts as Property」, in: British Journal of Criminology 17 (1977), p.1ff.; ders., Limits to Pain, 1982, p.92ff.; Barnett, 「Restitution: A New Paradigm of Criminal Justice」, in: Ethics, Vol. 87 (1977), p.279; Hulsman/Bernat de Celis, Peines Perdues, 1982, p.155; Plack, Plädoyer für die Abschaffung des Strafrechts, 1974, S.326ff., 380ff.

《V》

형벌목적론적 관점에서 본 근본적인 결함

1. 형벌목적 개념의 의미와 한계

오늘날의 자유적·민주적·사회적 법치국가의 헌법질서 내에서 최상위규범은 인간의 존엄과 가치의 존중 및 보호에 대한 요청이다. 형법질서도 헌법질서의 한 구체적 부분질서에 속하는 한, 이 헌법의 최고규범적 요구를 실현하는 데 이바지하지 않으면 안 된다. 더 나아가 형법질서 내에서의 국가형벌의 목적도 가능한 한 이 같은 헌법규범의 요구에 일치하도록 설정되어야 할 것이다. 이렇게 본다면 형벌의 최우선적 목적은 먼저 한 인간의 구체적·현실적인 인간존엄의 실현이라고 할 수 있다.

종래 형벌목적이라 함은 주로 일반예방과 특별예방을 들어 왔다. 여기서 일반예방은 전통적으로 위하(威嚇)를 내용으로 하는 소극적 일반예방의 의미로 사용되어왔다. 그러나 오늘날 일반예방은 국민의 법준수의식을 내면화함으로써 사회를 안정시키는 적극적 일반예방으로 발전했으며, 법질서의 방위

(Verteidigung der Rechtsordnung)도 또 하나의 적극적인 일반예방의 내용으로 파악되고 있다. 이러한 적극적 일반예방의 측면에 관한 인식은 형벌목적사상의 한 발전이라고 할 수 있으나, 그것이 한 사회체계 자체의 기존상태의 안정을 위한 기술로 고착되어 버릴 염려가 없지 않기 때문에, 인간다운 자유적 형법질서의 발전에 장애요소가 될 수 있다는 난점도 없지 않다.

특별예방도 오늘날 리스트(Franz von Liszt)와 라드브루흐(Radbruch)의 전통 아래 많은 형법학자들에 의해 중심적인 형벌목적으로 자리를 굳게 잡고 있다. 하지만 구체적으로 범죄인 개인을 사회에 복귀시키기 위해 어떻게 교육과 교정의 방향을 잡아야 하며, 그 정당한 내용은 무엇인지에 관해 아직 확립된 내용은 없는 형편이다. 즉 그것이 범죄인 개인의 인격의 발전을 타율적으로 규제하여 사회의 기존질서에 순치시키는 것을 의미하는 이른바 치료교정의 이데올로기(Ideologie der Behandlung)가 아닌가 하는 의문이 제기되고 있다. 또한 개인주의적 자유주의에 입각한 사상으로부터는 그 실효성과 한계에 관해서도 의문이 제기되고 있는 실정이다. 실제 수형자에 대한 특별예방적 개입을 중지할 것을 그 내용으로 삼고 있는 미국의 이른바 불간섭주의(non-intervention)가 그 실례이다.

뿐만 아니라 특별예방은 행형의 유효한 성과에 의해서만 그 진가가 인정될 수 있는 것인데, 지난 30여 년 동안 이 특별예방만을 행형의 실제에 적용해 본 서구 여러 나라들은 이를 통해 범죄통제에 별 실효를 거두지 못하였다. 그 때문에 최근에 이르러 이 특별예방적 형벌목적의 실효성에 관해서도 비관적인 소리가 높아지고 있다. 이른바 "위기에 처한 특별예방"(Eser), "치료교정의 이데올로기로부터의 전향(轉向)"(Kaiser), 또는

"범인의 재사회화 대신에 사회의 재사회화"(Bloch) 등 비판의 소리가 이와 같은 사정을 단적으로 반영해 주고 있는 말이다.

이러한 상황에서 우리가 종래의 특별예방이나 일반예방을 냉정히 관찰해 본다면, 그것 자체에도 한계가 있을 수밖에 없다는 점이 분명해진다. 즉 특별예방적 형벌목적은 형벌이 개개 범죄인에게 그 특성에 맞도록 집행되게 함으로써 범죄인의 잘못된 인격형성 및 발달을 교정할 수 있게 해주는 등 사회복귀적 형벌집행을 가능케 해 준다는 장점을 갖고 있다. 그러나 이 특별예방론은 아무런 재범의 위험성이 없는 중범죄자를 처벌해야 하는 이유를 설명해 줄 수 없다. 예컨대 Nazi시대의 전범(戰犯)들은 이미 재사회화되어 있는데 왜 아직도 계속 처벌을 해야 하며, 그나마도 보통의 파렴치범들보다도 불리한 행형조건하에서 처우받아야 하는지를 이 이론은 해명해 주지 못한다. 또한 이 형벌목적론은 국가형벌권을 한계지을 수 없다는 단점도 안고 있다. 즉 이 이론을 철저화한다면 현실적으로 반사회적 범행을 저지르지 않았음에도 예방적인 제재를 강구할 수 있으며, 단순한 사회부적응성이나 비사회성(Asozialität)도 그것이 나중에 범행에 이를 위험성만 내포한다면 처벌할 수 있다는 결론에 이르게 된다. 이것은 바로 국가적인 감시와 경찰의 통제를 의미하며, 그 결과 시민의 완전한 부자유를 몰고 오게 될 것이다. 또한 커다란 남용의 위험도 뒤따른다. 예컨대 동구권을 비롯한 구(舊)사회주의국가의 형법에서는 형벌목적을 바로 사회주의적 인간을 재창조하는 데 있다고 규정함으로써, 반체제인사들을 단순히 당의 이념과 다른 생각을 가지고 있다는 이유만으로 재사회화를 위한 예방조치를 취할 수 있게 했던 점을 들 수 있다.

일반예방적 형벌목적은 이와 같은 특별예방론의 결점을 피할 수 있다는 장점이 있다. 즉 재범의 위험이 없을 때라도 잠재적 범죄인으로서의 일반인의 위하(威嚇)를 위해 처벌을 할 수 있다. 또한 포이어바흐(Feuerbach)의 심리강제설의 영향으로 죄형법정원칙의 중심내용인 형벌규정과 형벌위협의 정확한 명시를 요구함으로써 일반인의 예측가능성과 법적 안정성을 유지하는 데도 기여한다. 그러나 일반예방적 형벌목적은 단지 일반인의 위하(威嚇)에만 봉사하기 때문에 형벌은 범행을 저지른 행위자 본인과는 아무 관련 없이도 과하여질 수 있다는 단점을 갖고 있다. 만약 이를 극단화한다면 형벌이란 반드시 책임에 적합(schuldangemessen)한 것일 필요가 없다는 결론이 나올 수 있다. 따라서 책임의 정도를 넘어가는 높은 형벌위협이 가능하고, 재사회화를 위한 형벌집행의 자리가 축소된다. 결국 일반예방론도 특별예방론처럼 그 극단적인 형태에서는 형벌한계를 벗어날 위험을 배제하지 못한다는 단점을 안고 있는 것이다.

이렇게 볼 때 우리가 헌법질서하에서 최상위의 형벌목적으로 파악하고 있는 인간존엄의 구체적인 실현을 위해서는 이와 상용(相容)할 수 없는 종래의 일반예방 또는 특별예방적 형벌목적의 의미를 새로이 새겨 보고, 인간존엄의 존중과 보호요청에 맞도록 그 의미를 재구성해 보는 것이 필요하다고 생각한다. 특히 지금까지 일반예방·특별예방적 형벌목적론은 형벌이 궁극적으로 지향해야 할 구체적 개인의 인간다운 삶과 평화로운 공동의 삶의 의미와 관련되는 실질적 의미와 목적을 등한시한 채, 단지 형벌의 잠재적·현재적 적용대상자만을 고려하는 추상적·형식적 목적개념에 근거해 있었다. 더욱이 거기에서 피해자는 여전히 낯선 이방인이었다.

최근에 다시 사회통합적 일반예방의 관점에서 형벌의 목적과 내용에 관한 새로운 논의가 등장하고 있음은 주목할 만하다. 즉 형벌의 목적은 사회적 의사소통 및 상호교류의 질서모형인 형법규범의 유지에 있고, 형벌의 내용은 이 규범침해자의 대가지급으로 이행되는 규범부인에 대한 반론이라는 것이다.[1)]

필자는 일찍부터 우리가 지금까지 형벌목적개념으로 사용해 왔던 일반예방과 특별예방이라는 형사정책 특유의 용어가 갖는 위와 같은 한계를 직시하고, 이것을 새로운 의미와 작용을 갖고 있는 인문학적 용어, 이른바 자기화(Personalisation)와 사회화(Sozialisation)라는 개념으로 변형 내지 대치시키는 노력을 기울여 왔다.[2)] 그것이 어떻게 가능한가를 다음에서 검토해 보고자 한다.

2. 사회화 · 자기화 개념의 의미와 기능

(1) 전제로서 형법학의 새로운 개념정립

형법학은 다른 인접과학, 즉 형사소송법 · 범죄학 · 형사정책 · 행형학이나 사회학 · 심리학 · 정치학 등과 실제적 연관성을 맺지 않으면 안 된다. 일찍부터 리스트(Franz von Liszt)가 "총체적 형법학(Die gesamte Strafrechtswissenschaft)"의 명제를 내세울 때 바로 이러한 요구를 염두에 두었던 것이다.

그 이전의 형법학은 '순수형법학'이었다. 여기에서는 형법

---

1) Jakobs, AT, 1983, S.7f.

2) Il-Su Kim, Die Bedeutung der Menschenwürde im Strafrecht, 1983, S.347-370; 김일수, 한국형법Ⅱ 개정판(1997), 581-589면; 김일수, 법 · 인간 · 인권, 제3판 (1999), 362-378면.

의 논리학·법률학적 체계 내의 관련성이 그 고찰대상이었다. 이 순수형법학은 체계학으로서 법적용에서 우연과 자의를 배제하기 위하여 균등하고 공정한 사법을 꾀하려는 데 주안점을 두었기 때문에, 형법의 정치적·사회적 차원은 관심 밖에 두었다.

그러나 리스트는 범죄투쟁이라는 실천적 요구에 직면하여 사회현실을 법의 세계에 끌어들여 생각했다. 그리고 그러한 관점에서 '총체적 형법학'을 착안했던 것이다. 즉 이 총체적 형법학은 형법과 형사소송법에서 형사실무가들을 논리적·법률적으로 지시하는 것과 관련된 교육적 임무, 범죄학과 형벌학에서 범죄와 형벌의 인과적 관련성을 해명하기 위한 과학적 임무 그리고 형사정책으로서 입법의 발전을 기하는 정책적 임무를 그 내용으로 삼고 있다.

그러나 오늘날의 국가질서는 자유민주적·사회적 법치국가원리하에서 하나의 통일된 기능을 담당하고 있는 것이지, 자유법치국가원리와 사회국가원리·민주주의원리가 각각 분리된 채 연계되어 있는 것이 아니다. 특히 형법학의 발달에서 우리가 포이어바흐(Feuerbach)에게서 법치국가적·권위주의적 형법사고를 보고, 리스트에게서 사회국가적·권위주의적 형법사고를 파악할 수 있다면, 오늘날 민주적 사회법치국가시대에 사는 우리들로서는 바로 이 민주주의원리 때문에 그 이전의 형법학적 사고에 붙어 있던 권위주의적 요소를 털어 버리는 일이 시급하다 하겠다.

그리하여 이와 같은 민주적 사회법치국가 질서하에서 타당한 형법학은 '순수한 형법학'이나 '총체적 형법학'이 아니라 이를 새로운 관점에서 파악한 자유적·민주적 '사회체계에 관한 구조학으로서의 형법학(Strafrechtswissenschaft als Strukturwissenschaft von sozialen Systemen)'이어야 할 것으로 본다. 오늘날 우리들이 파악하고 있는 개인의 상호작용 내지 대화적 상호교류의 체계론은 커뮤니케이션에의 참여기회가 널리 보장된 사회체계 내지 이를 통한 개인의 자유와 활동의 신장에 관한 조종 및 규율의 구조를 그 내용으로 삼고 있다. 이런 의미에서 오늘날의 형법학은 사회체계의 구조학으로서의 성격을 띠고 있다. 그리고 바로 여기에서 형법은 주체-객체관계를 보충하는 상호주관성(Intersubjektivität)을 배려하고 사회적 공동생활의 복잡성을 감소시킴으로써 인간의 사회생활 속에서 평화로운 상호교류·상호작용·정보교환이 더욱 평화롭고 자유스럽게 이루어질 수 있도록 조종·규율하는 기능을 갖게 된다.

바로 이러한 사회체계의 구조학으로서의 형법학적 사고하에서만, 우리는 인접분과학의 지식이 물론 법적 변형을 통해 형법학 내에서도 내용적인 통일성을 기할 수 있도록 구성할 수 있다. 여기에 사회화와 자기화가 보다 근원적인 형벌목적으로 새로이 구성될 수 있는 이론적인 가능성이 열리는 것이다.[3)]

원래 사회화와 자기화는 애당초 사회학에서 사용된 개념이며, 이것이 그 후에 심리학·교육학에서도 활용되었다. 그런데 형법이론·소년형법·범죄학·행형학 분야에서는 먼저 사회화가 '재사회화(Resozialisierung)'라는 이름 밑에 그 개념의 사용 폭을 넓혀 갔으나, 자기화는 아직 범죄학에서 간단히 다루어지고 있는 실정이다.

형법이론학(Strafrechtsdogmatik)과 형법이론(Strafrechtstheorie)에

---

3) Il-Su Kim, Die Bedeutung der Menschenwürde im Strafrecht, 1983, S.350ff.

서는 사회화와 자기화가 아직 그 본래의 의미대로 사용되지 않고 있다. 그 이유는 바로 이들 개념이 인간의 존엄이나 법치국가적 절차를 해칠 위험이 있거나, 이것이 이른바 부정적인 '치료교정의 이데올로기'의 유출물이 아닌가라는 의구심 때문이었다. 그러나 우리가 인간의 존엄의 실현이라는 구체적인 법의무를 염두에 두고 사회화와 자기화라는 양 개념을 살펴본다면, 종래의 형벌목적론에서 논의되어 왔던 일반예방이나 특별예방에 대한 새로운 의미를 오히려 여기에서 발견할 수 있다.

(2) 사회화의 의미와 기능

인간존엄의 근거인 인간의 자기실현의 존재론적·인간학적 기초는 인간의 자유로운 윤리적 자기결정의 능력에서 발견된다. 인간은 이러한 능력을 타인과의 만남과 관계 속에서 스스로 계발할 수 있게 될 때, 비로소 인간존엄의 구체적 실현도 가능하게 된다.

사회화란 바로 이러한 과정의 한 측면으로서 인간을 하나의 인도적이고 평화로운 공동생활질서에 맞추어 살도록 사회적으로 포용하는 일(inclusion)을 말한다. 인간은 사회에 대한 그의 연대성을 근거로 사회와 끊임없는 교류를 통해 일평생 인간다운 평화로운 사회질서의 형성에 창조적으로 참여해야 할 존재이다. 따라서 사회화는 이러한 인간존엄의 실현이라는 과정의 한 측면으로서 인간을 그의 사회생활에서 등장하는 무한한 현재적·잠재적 파트너와의 만남을 고려에 넣고, 행위역할이나 행위기대 및 행위통제의 가능성을 자극하고 신장시켜 주는 과정이라고 이해할 수 있다.

사회구성원은 각자 협동적인 파트너로서 사회질서와 그 기능의 유지에 이해관계를 가진다. 만약 범죄로 인한 충돌과 불안정이 발생하면 이를 극복하는 데에도 지대한 공동관심을 갖게 된다. 따라서 그들은 서로 행위기대와 요구가 긍정되는 정상적인 생활관계에서는 상호관계의 안정과 역할의 상호적인 보충을 위해 노력하게 된다. 그러나 반대로 이 같은 행위기대와 요구가 부정되는 경우에는 사회적으로 배제하는 일(exclusion), 다시 말해서 통제와 제재로써 이 기대와 요구를 실현시키고자 한다.

이렇게 볼 때 사회구성원 각자가 타인의 자유영역을 주의 깊게 존중하도록 잘 학습되어 있어 각자의 사회화의 폭이 그 행위와 의식에서 증대되면 될수록, 타인의 인격의 자유로운 발전과 사회구성원 상호간의 인간다운 질서의 발전에 대한 외적 충돌은 점점 더 줄어들 것이다.

국가는 형법의 보충적 법익보호 및 사회체계의 보호를 통해 사회에서의 평화로운 공동질서를 확보하려고 한다. 그러나 개인의 건전한 사회화과정이 없이는 국가형벌을 통해 그와 같은 임무는 충족되지 못할 것이다. 그러므로 민주적 사회법치국가 내에서 타당한 국가형벌목적은 인간존엄의 실현에 기여한다는 궁극적 목적과 함께, 형사정책적으로는 잠재적·현재적 범죄인이 법공동체와 연대하고 있다는 관점에서 대화적인 상호작용·상호교류의 과정에서 사회화의 기회를 더 확보해 주고 신장시켜 주는 데 있다고 보여진다.

심지어 형벌의 사실상의 자유박탈적·진압적 성격도 사회화목적과 동떨어진 목적일 수 없고, 지금까지 범인이 부대끼며 살아 온 사회환경을 고려하여 새로운 사회참여의 기회를 신장시켜 주기 위한 한 변형으로서의 역할을 담당한다고 볼 수 있다. 즉 제재를 통해 그에 의해 파괴된 사회질서를 다시금 법의 공적 선언으로 형평을 유지하게 함으로써 사회구성원 사이의 상호적인 행위기대와 사회적인 통합(Integrität)을 회복시키는 과정으로 이해할 수 있다. 이것은 한 마디로 사회적인 책임을 활성화시켜 주는 과정이라고 말할 수 있을 것이다.

이렇게 본다면 인간의 사회화는 형사정책적으로 형벌의 가장 중요한 목적의 하나임을 알 수 있다. 이 사회화목적으로부터 다음과 같은 구체적인 결론이 도출된다. 즉 형벌위협 내지 형벌입법은 행위규범의 설정 및 공표와 더불어 범행을 한 사람에게는 제재가 과하여진다는 경고를 통하여 규범합치적 행위에 대한 통찰을 계도하고 호소함으로써 인간의 사회생활을 공동형성하도록 동기짓는 사명을 수행하며, 이로써 잠재적 범죄인으로서의 인간이 사회화하는 데에 기여한다.

형벌선고는 공적 형사소송절차에서 구체적 행위자의 공동책임을 확정하고, 더 나아가 사회적 행위규범의 위반에 대한 공적 비인(非認)을 표명함으로써 인간의 사회화에 한 단계 더 기여할 것을 목표로 한다.

형벌집행은 선고된 형벌을 실제적으로 집행함으로써 공동사회의 규범 및 행위척도를 내면화할 뿐 아니라, 안정화하는 과정으로서 이해된다. 이 형벌집행단계의 범위 내에서 수형자를 위한 보다 집중적인 사회화과정이 재사회화라고 불리워지는 것이며, 이것은 공동생활에의 재적응 또는 공동사회 일원으로서의 재포섭 내지 재편입을 의미하는 것이다.

이와 관련하여 국가는 과다한 국가적 규제를 통해 범인을 재사회화시켜 보려는 집착을 버려야 한다. 효과적인 재사회화는 사회적 책임의 촉진을 통해서만 가능하다. 이렇게 본다면 사회화의 본질적 구성요소는 결국 행위자가 사회적 통합을 위한 자기원조를 스스로 하도록 그를 원호하는 데로 지향해 나가야 한다. 따라서 재사회화는 '사회적 교화 과정에로의 인도와 촉진을 위한 원호'이다.

(3) 자기화의 의미와 기능

현대의 인간학 연구에 따르면 개인으로서의 인간은 인간존엄의 요구에 따라 고유하고 실제적인 자기의 생활을 항상 자유와 책임 아래서 영위하게 되며, 그와 더불어 그의 공동생활도 공동책임의 근거 위에서 형성한다. 인간은 본질상 자신을 변화시킬 수 있으며, 또한 발전시킬 수 있다. 이를 위해서는 인간이 자기책임, 자기사고, 자신의 통찰로부터 행위하기 위한 기회뿐만 아니라, 자신의 인격화를 위한 기회도 필요로 한다.

인간의 자기화란 사회 속에서 개인의 구체적인 인간존엄 실현 과정의 한 측면이지만, 사회화에 비해 개인의 자기노력·자기결정·자기선택이라는 적극적 요인을 스스로 구성하고 발전시키는 면을 의미한다. 또한 자기화는 인간존재의 으뜸되는 자기 노력의 성취와 그의 의미실현 그 자체를 의미할 수도 있다. 이 자기화는 실제 개인의 정신상태와 주어진 생활여건에 의해 영향을 받을 수도 있기 때문에 개인의 노력 여하에 따라서는 변경, 확장, 통제 및 수정도 가능하다.

범인의 자기화란 주된, 통일된 형벌목적인 인간존엄의 실현에 대해 그의 사회화보다 근접해 있는 빼놓을 수 없는 구성적 부분목적이 된다. 자기화의 존재론적·인간학적 근거도 범인의 자기성(주체성)과 법공동체의 범인과의 연대성에서 발견된다.

범인 자신에 대해서는 자기화가 형벌실현과정에서 그의 자유롭고 윤리적인 자기 결정의 창조적인 능력을 바탕으로 자기책임하에서 그의 본래적인 순수한 자기를 회복하여 자기의 주체성을 회복하는 것을 의미한다. 또 처벌을 하는 법공동체에 대해서는 이 자기화가 범인에게 그에 의해 저질러진 불법에 대해 책임을 져야 한다는 의식을 새롭게 함으로써 범인이 공존세계와의 동질성회복을 위해 법공동체가 공동책임·연대책임의 노력을 기울인다는 것을 의미한다.

범인의 자기화는 범인이 인격주체로서 그의 독자적이고 개인적인 인격형성을 통해 그의 인격성의 창조적인 자기 발전의 수준, 다시 말해서 규범에 맞는 자기조종 하에 범죄적인 수단으로 문제를 해결하는 것보다 규범에 알맞은 방법을 선택·결정할 수 있도록 하는 학습과정을 의미한다. 이러한 자기화 없이는 국가의 최상위의 형벌목적도 결국 성취될 수 없다. 행위자의 자기화가 형벌의 모든 실현단계에서 행위자로 하여금 규범합치적인 문제해결을 위한 주체성을 발전시키도록 하는 동기를 제공해 주는 한, 그것은 인간존엄의 현실이라고 하는 근본적이고 통일된 형벌목적을 위한 하위의 특별한 형벌목적으로서 그 기능을 다할 수 있는 것이다.

이와 같이 정의된 자기화의 개념을 형벌실현의 각 단계에 적용해 본다면 다음과 같다.

즉 사회적 반대조종의 총괄적·심리적 사실인 형벌위협은 잠재적 범인으로서의 일반인에게 그의 인격의 발전과 자기화에 좋은 사회교육적 기능을 발휘한다. 형벌위협은 구성요건의 명백한 설정 및 제재의 경고작용을 통하여 동기부여와 호소로써 범죄를 효과적으로 방지하는 데 기여한다. 때문에 형벌위협은 법공동체의 성원에게 규범에 맞는 자기결정능력의 유지 및 회복, 또 충동구조에 대한 제어적 능력을 내면으로부터 강화·개선시킬 수 있다.

규범적인 자기조종의 구조가 형벌위협과 관련된 규율과 사회적·심리적 교화의 과정을 통하여 잠재적인 행위자의 인격성의 생성과 더불어 안정화된다면, 이러한 행위자의 자기화는 범죄행위에 대하여 특별예방적 성질을 갖는 대응력을 마련해 줄 수 있고, 동시에 범죄적 방법으로 문제를 해결하려는 경향을 완화시킬 수 있다. 따라서 자기화의 관점에서 형벌위협은 응보나 일반인에 대한 위하적 경고가 아니라 잠재적인 행위자의 규범합치적 자기조종에 대한 호소와 동기부여로 이해된다.

형벌선고는 현재의 행위자에 대하여 항상 개인적인 자기화를 강화시켜야 하는 광의의 규율과정으로 이해된다. 행위자가 자기 조종능력을 오도한 데 대한 공적·사회윤리적 비인(非認)은 법관, 검사, 범인 그리고 변호사의 대화절차를 거쳐 표명된다. 따라서 행위자는 그의 법파괴에 대한 개인책임의 확정과 법공동체의 공동책임의 확정을 통하여 자기동일성 내지는 자기신뢰를 획득하게 되고, 불법을 다시 선(善)으로 만들며 타인에 대한 자기 책임을 갚을 수 있는 기회를 얻게 된다. 범인의 자기화라는 관점에서 보면, 형벌선고에서 특별예방적 목적은 바로 건전한 자기 조종의 장치를 범인의 내면으로부터 불러일으키는 데 있다.

형벌집행은 자기화의 촉진을 위한 강화된 규율 및 교육과정으로서 개인적인 사회복귀를 꾀하는 개별적인 원호과정으로 이해된다. 행위자의 자기화라는 관점에서 형벌집행은 수형자로 하여금 그의 인격성의 성숙과 발전을 가져오도록 돕는 것을 그 목적으로 한다. 형벌집행은 시설 내 종사자들의 공동노력에 의해서만 성공적인 자기조종을 의한 교육과정을 통해 수형자가 범죄적 방법에 의한 문제해결 방식과는 다른 대안을 획득하게 할 수 있을 것이다. 따라서 형벌집행은 행위자가 자기 실현을 위하여 자기원조를 하는 것을 돕는 데 그 목적과 방향을 두어야 한다.

수형자에 대한 가장 중요한 원호란 무엇보다도 집행시설 내에서 자기경험, 자기결정, 자기선택 및 자신의 공동결정에의 참여가 가능하도록 자유의 폭을 넓혀 주는 것이다. 또한 종교적 배려와 심리요법적 배려도 수형자의 자기화를 고려한 집행수단의 하나이다. 따라서 오늘날의 민주적·사회적 법치국가에서 형벌집행은 사회정책의 최후수단이라기보다는 자기화를 위한 교육정책의 일부분으로 이해해야 할 것이다.

3. 사회화의 관점에서 본 일반예방

우리가 사회화를 항상 인간존엄의 구체적 실현이라는 근본적 형벌목적을 위한 또 하나의 구성적 형벌목적으로 이해한다면, 일반예방은 이제 인간의 사회화라는 관점에서 새로이 조명되어야 한다. 포이어바흐가 심리강제설에 의해 일반예방을 기초지은 이래로 오늘날까지 일반예방은 이 영향 아래서 일반인에 대한 위하작용으로 이해되고 있다. 위하(威嚇)는 우선 법률규정 자체에 의한 형벌위협으로부터 나올 수 있으나, 더 나아가 형벌선고 및 형벌집행으로부터도 나온다. 위하도 그것이 사실상 일반인의 범죄충동을 방지해 주는 한 그 예방적 작용을 부인할 수는 없을 것이다. 그러나 일정한 종류의 범죄유형에서는 위하의 효력이 의문시된다. 왜냐하면 직업범 및 충동적 우발범은 거의 위하되지 않으며, 대개의 경우 범인들은 자신이 발각되지 않으리라는 전제에서 범행을 저지르기 때문에 그 효과가 반드시 크다고 할 수 없다. 따라서 대개 범죄자는 위하된 형벌의 정도에 의해서가 아니라 범죄발각의 위험성정도에 의하여 범행을 삼가게 된다.

이러한 이유에서 우리는 다음과 같은 결론에 도달할 수 있다. 즉 종래의 일반예방설은 범죄예방을 위하여 부인할 수 없는 효과가 있기는 하지만, 인간존엄의 구체적 실현을 위하여 단순한 위하에 머물러서는 안 된다. 따라서 일반예방에 관한 오늘날의 이론은 종래의 위하라고 하는 소극적 측면에서 사회유해적인 행위에 대한 제재의 부과를 통한 규범 및 사회의 안정화라고 하는 적극적 의미를 갖게 된다.

이러한 적극적 일반예방의 관점은 법공동체 내에서 국민이 법을 신뢰하도록 유지하고 강화하는 것을 목적으로 하는 심층심리학적·교육학적 관점의 결과이다. 이를 통한 행위기대의 안정화는 바로 사회체계 내에서 법규범의 기능과도 일치하고 있다. 여기에서 규범위반의 경우에 과해지는 제재는 침해된 규범의 회복뿐만 아니라, 더 나아가 사회에로의 복귀를 위한 기여도 하게 된다. 그러므로 적극적 의미에서의 일반예방이론은 사회심리적 이론 내지 집단교육 및 사회화의 이론이다.

4. 자기화의 관점에서 본 특별예방

리스트는 특별예방을 3가지 측면, 즉 무해화(無害化)·위하(威嚇)·개선(改善)이라는 관점에서 고찰하였다. 무해화는 단지 사형 또는 무기형의 이론적 근거로 사용될 수 있었고, 위하는 소극적인 일반예방의 영역에서만 논의될 뿐인 데 반해, 재사회화 또는 사회화로서 표현되기도 하는 개선은 오늘날까지도 특별예방의 중심일 뿐만 아니라 가장 최근의 형법개정작업에서도 그 구심점이었다.

재사회화란 본질적으로 사회화에 의한 규율과 교육절차에 속하는 것이며, 또한 이것은 형집행의 분야에 주로 위치하고 있다. 그러나 우리가 특별예방을 단지 재사회화의 관점에서만 이해한다면, 형벌위협과 형벌선고의 영역에서는 아무런 의미를 가질 수 없는 것인가. 특별예방이 형사정책적 기능의 하나인 한 형벌집행을 넘어 형벌실현의 각 단계에서 개인의 자기화의 의미내용과 관련되어야 할 것이다. 특별예방은 개개의 행위자로 하여금 장차 합법적 행위를 하도록 촉진시키려는 목적을 가진 동기부여작용으로 이해된다. 물론 재사회화도 이런 목적에 기여한다. 그러나 그 때 행위자의 자기화가 고려되지 않는다면 단순한 재사회화 자체가 '개선'이라는 이름 밑에 국가의 통제 내지 강제적인 적응으로 탈바꿈할 위험성이 있다.

자기화는 인간존엄이라는 지침 아래서 인간은 자율적으로 결정하고 행동할 능력이 있으며, 따라서 국가와 사회는 원칙적으로 인간을 마음대로 처분할 수 없다는 것을 그 전제조건으로 한다. 때문에 우리는 행위자를 강제적으로 타율적인 행위규정에 적응하도록 시도하는 단순한 처우(Behandlung)의 객체로 보아서는 안 된다. 오히려 그를 고유한 가치와 행동의 바탕을 지닌 독립된 인격으로, 또는 보호받을 가치 있는 자율적인 주체로 승인하여야 한다.

적어도 특별예방은 국가형벌권에 의한 과도한 간섭 내지 지배를 철폐하고 개별적인 행위자의 자기결정으로 대체하는 것을 의미하는 형법 및 행형법의 합리화와 인간화를 도모하는 가장 최근의 경향에 속한다. 이러한 특별예방적 목표설정을 통하여 행위자가 자기결정의 바탕을 획득하고, 인격적 발전을 꾀하는 것은 바로 자기화의 한 실현과정에 해당한다. 이 자기화의 과정에서 또한 개인을 공동사회에 통합시키는 사회화도 그 본래의 의미와 방향을 획득하게 된다. 이런 의미에서 헬머(Hellmer)도 명백히 형사정책의 최종목표는 사회화가 아니라 자기화에 있으며, 사회화란 바로 자기화에 이르는 전(前)단계일 뿐이라고 말하고 있다.[4)]

5. 요 약

이상으로부터 다음과 같이 요약할 수 있다.

첫째, 재사회화는 종래 행형에서 특별예방의 특수한 본질적 요소로 고려되어 왔지만, 본래 사회화의 관점에서 사회복귀를 통한 범죄예방이란 적극적 일반예방의 일면인 것이다.

둘째, 특별예방의 형사정책적 목적은 엄밀히 말해 자기화에 있는 것이지, 처음부터 사회화에 있는 것이 아니다.

셋째, 자기화에 관계된 특별예방은 행위자가 자기조종과 자기책임에 의해 적극적으로 규범합치적 행위를 결정할 수 있도록 자기의 인격성에 대하여 자기결정 및 자기발전의 동기를 제공하거나 원호하는 것을 그 목표로 한다.

넷째, 형벌목적으로서 사회화는 자기화에 봉사하고, 자기화

---

4) Hellmer, 「Sozialisation, Personalisation und Kriminalität」, in: Wurzbacher (Hrsg.), Sozialisation und Personalisation, 3. Aufl., 1977, S.228.

는 다시 보다 근원적인 최상위의 형벌목적인 인간존엄의 가치 실현에 봉사한다.

6. 소 결

형벌의 새로운 목적으로서 사회화와 자기화의 관점을 끌어들일 때 적극적 일반예방을 통한 사회적 학습효과와 규범신뢰의 강화 외에도 사회적 갈등의 당사자 간에 문제해결의 적극적 참여기회의 제공으로 만족효과의 활성화를 기할 수 있을 것이다. 뿐만 아니라 개개의 범인으로 하여금 장차 규범적 행위를 하도록 촉진시키는 동기부여작용도 강화하여 자율적인 신뢰와 문제해결의 열린 가능성에 기초한 법적 평화의 확보에 보다 실효성 있게 기여할 수 있을 것으로 본다.

이 같은 사회화·자기화의 관점은 종래의 적극적 일반예방이나 재사회화적 특별예방에서 오는 편향성과 경직성을 완화하여 보다 실질적인 관점에서 인간다운 자유적 형법질서에로의 발전을 촉진시킬 수도 있다고 생각한다.

그러므로 이러한 사회화·자기화 목적이야말로 종래의 적극적 일반예방이나 재사회화 목적보다 더 적극적으로 이해당사자 간의 화해 또는 원상회복에 의한 문제해결을 형법적 제도로 수용할 수 있는 폭을 넓혀 줄 것으로 기대한다. 범인의 사회화와 자기화는 이론적인 모순 없이 피해자와 가해자 사이의 화해 또는 원상회복제도를 수용하여 이를 하나의 새로운 형사제재로 작용하게 하는 길을 터주고 있기 때문이다.

사회화와 자기화의 관점에서 볼 때 규범위반에 대해 과해지는 제재는 침해된 규범의 회복뿐만 아니라 사회에로의 복귀 및 자기 자신의 상실된 주체성의 회복을 위한 기여로서의 의미도 갖는다. 바로 화해와 원상회복이야말로 종래의 형벌이나 보안처분이 갖고 있던 타율과 규제 위주의 특성을 완화하여 자율과 참여 위주의 특성을 지닌 사회질서 회복의 장치로 작용할 수 있다고 본다. 이것이 또한 회복적 사법정의의 실현에 긍정적인 동인이 될 수 있음은 두말 할 필요가 없다.

《Ⅵ》

새로운 대안의 모색

1. 운전기술 · 운전문화 · 교특법의 상관관계

지난 7월 3일 사망자 13명을 포함 24명의 사상자를 낸 인천대교 부근 고속버스 추락사고는 운전자들의 크고 작은 부주의가 빚은 교통참사였다. 인천국제공항으로 향하던 고속버스가 안전거리를 확보하지 않은 채 시속 100km로 달리던 중이었다. 마침 앞서가던 1톤 화물차가 도로 중간에 고장으로 멈춰 서 있던 승용차를 뒤늦게 발견하고 좌측 뒷부분을 들이박고 1차로로 비켜선 상태에서 뒤따르던 버스가 이들을 피하려다 승용차의 우측을 들이받은 뒤 중심을 잃고 흙 위에 세워진 83cm 높이의 철제 가드레일을 뚫고 10여m 아래로 굴러 떨어져 발생한 사고였다. 화물차 운전자는 고장으로 서 있던 승용차가 달리는 줄로 착각하고 접근했다가 멈춰선 차임을 뒤늦게 발견했다는 것이다. 승용차 운전자는 톨게이트 통과 직후 차량 이상으로 2-3분 정차했고, 다시 출발했다가 중간에 멈춰서자 멈춰선 차량 뒤쪽 100m 거리에 삼각대 같은 위험표지판도 설치하지 않고 비상등만 켜 놓은 채 도로 가운데 차량을 방치하고 안전지대로 나와 보험회사에 구조를 요청하고 있었다는 것이다.[1] 이 대형참사의 원인은 한 승용차 운전자의 안전조치 소홀과 고장차량 방치 및 뒤에서 오던 화물차와 버스의 안전거리 미확보라는 아주 기초적인 작은 부주의에서 비롯된 것이었다.

정부는 2008년 '교통사고 사상자 절반 줄이기'를 국정과제로 정하고 종합대책까지 마련하여 시행 중에 있지만, 지난해 말부터 약 3개월 간격으로 경주, 삼척에 이어 인천에서 버스추락으로 인한 대형참사가 잇따르고 있다. 최근 3년간 교통사고 건수는 2007년 21만 1,662건, 2008년 21만 5,822건, 2009년 23만 1,990건으로 늘어 왔다. 같은 기간 사망자 수는 6,166명, 5,870명, 5,838명으로 다소 줄었지만 부상자수는 33만 5,906명, 33만 8,962명, 36만 1,875명으로 크게 증가해 왔다. 사상자들의 인명과 건강손실 그리고 그에 따른 육체적·정신적 고통 외에도 가족들의 정신적 고통과 조력에 드는 사회적 비용 등을 합치면 교통사고로 인해 발생하는 피해규모는 15조원을 넘는 것으로 추산된다고 한다.[2]

마이카 시대의 도래로 자동차는 급격히 증가했지만, 교통질서와 안전운행규칙을 준수하는 국민의식은 반대로 여전히 저급한 수준이다. 차를 기술적으로 운전할 줄만 알았지, 교통법규나 안전수칙은 대수롭지 않게 여기는 운전자가 수두룩하다는 것이다. 종합보험가입 만료일은 칼날같이 챙기면서도 차량점검, 안전용 기본 장구의 소지 등 안전운행의 기본사항조차 소홀히 한다는 것이다. 거기다가 교통안전 관련시설도 OECD 선진국에

1) 2010. 7. 5. 한국일보 사회면.

2) 2010. 7. 5. 국민일보 사설.

비해 열악한 것이 사실이다. 그렇다면 운전자들의 안전운행에 대한 주의의무가 너무 커질 수밖에 없는 사정인데도, 우리나라의 교통안전 정책은 종합적으로 주먹구구식인 예가 한둘이 아니다. '생계형'이라는 포장하에 교통법규위반자들을 무분별하게 무더기로 사면해 주는 예가 김대중, 노무현, 이명박 정부 들어서까지 계속 이어지고 있다. 이 같은 대량사면 이후 1~2년 사이에 교통사고 건수와 사상자 수가 급증했다는 분석도 나오고 있다.[3)]

안전에 대한 국민의식이 변하고, 법질서의 엄격한 적용이 따라야 교통사고는 물론 사회의 무질서를 줄일 수 있다. 자유의 공기 못지않게 안전의 지평이 함께 열리지 않는다면 인간의 생활세계는 혼동과 갈등의 먹구름 속을 벗어날 수 없고, 삶의 질 향상이라는 희망의 대지를 품에 안을 수 없다. 누차 반복되는 언급이지만, 여기에서도 교특법이 국민안전의식과 법질서 준수의식에 30년 동안 누적적으로 끼친 해악을 다시 언급함으로써 법정책가나 입법자들의 주의를 환기시키지 않을 수 없다.

사회통합적인 적극적 일반예방사상은 법률의 이 같은 역기능을 신속히 제거하라고 말한다. 그리고 좋은 입법 개선작업과 적정하고 정의로운 사법작용을 통해 국민의 의식 속에 규범준수의식과 질서의식을 내면화시키고 안정화시켜야 한다고 강조한다. 범죄인은 고의범은 말할 것도 없고 과실범이라 할지라도 법규범이 갖고 있는 바 "소요에 반하여 안전을 가져다주는 행위기대(kontrafaktisch stabilisierte Verhaltenserwartung)"를 거부한 행

3) 2010. 7. 5. 동아일보 사설.

위자들이다. 그들은 법의 효력에 대한 신뢰를 교란시키고 법규범의 권위에 손상을 입힌 자들이다.[4]

적극적 일반예방사상에 비추어 보면 형벌의 의미는 범죄인에게 자기행위의 대가로 지급된바 그의 규범위반에 대한 저지인 셈이다. 범인은 규범을 무시했고, 형벌은 범인의 그와 같은 규범의 무시를 그에게 대가를 지급함으로써 부정하는 것이다.[5] 그리하여 최종적으로 범죄인으로 하여금 사회적인 참여와 교통의 신호체계와 같은 규범을 내면적으로 학습하여, 다시금 범죄인의 규범준수의식이 부패하지 않도록 경각심을 높이는 계기로 삼는다. 단적으로 말해서 국가의 공형벌이란 범죄에 대해 사회윤리적 비난을 가함으로써 범죄를 정상적인 사회행위나 아주 경미한 일탈행동들과 구별하여 범죄로 낙인찍는 일이다.[6]

교특법의 특례조항들은 이런 관점에 비추어 볼 때 범죄에 대한 공적 불승인을 지나치게 축소·왜곡시키는 역할을 하고 있다. 사법절차에서 판결과정을 통한 공적 불승인제도는 원칙적으로 존중되어야 한다. 특히 공적 불승인 없는 형사제도는 그 자체가 공허한 것이다. 적극적 일반예방효과는 흔히 오해하듯 범죄의 가중처벌과 연관된 것이 아니라, 오히려 범죄에 대한 적극적인 소추와 연관된 것이다.[7]

---

4) Luhmann, Rechtssoziologie, Bd. 1, 1972, S.43.

5) Jakobs, AT, 1/9f.

6) Jakobs, Zur gegenwärtigen Straftheorie, a.a.O., S.39.

7) 오영근/안경옥, 형사특별법의 제정실태와 개선방안, 1996, 93면; Haffke, Tiefenpsychologie und Generalprävention, 1976, S.76. Anm. 2.

2. 교특법 특례조항의 특혜성

교특법 시행과 더불어 형법과 도로교통법상의 주의의무규정들은 신호체계로서의 기능을 상당부분 침식당하기 시작했다는 점은 이미 누차 언급한 바이다. 교특법이 일반법인 형법과 도로교통법의 주의의무규정들을 흡수하고 그 위에 특혜성 특례조항을 두어 형법 및 도로교통법의 규범신호체계를 교란시켰기 때문이다. 이를 흔히 형법 및 도로교통법의 공동화(空洞化)라고 칭하기도 한다.[8] 이 점은 특히 다음 세 가지 특혜성이 교특법 속에 담겨 있기 때문이라고 사료된다.

첫째, 의료·건설·기계설비·식품위생·약업 등 일반업무상 과실치상죄에 비해 교통사고로 인한 업무상 과실치상죄에 대해 교특법이 전반적으로 특혜적인 다른 취급을 함으로써 다른 전문직역의 업무자들과 차별대우를 하고 있다는 점이다.

둘째, 업무상 과실치상죄에 대한 교특법상의 반의사불벌죄 특례조항이 다른 반의사불벌죄와 형법정책적인 면에서 불균형적인 특혜라는 점이다. 반의사불벌죄는 대체로 반사회성·법익위해성 등 그 불법의 정도가 중하지 않아 범죄에 대한 처벌의 필요성이 다른 범죄에 비해 상대적으로 낮은 유형의 범죄들에게만 예외적으로 허용되어 있다. 영미법계나 독일법에서도 아직 현실적 제도로서 작동하고 있는 사소(私訴) 내지 사인소추(私人訴追)는 일신전속성이 높은 개인적 법익침해 범죄의 경우 그 소추여부와 진행을 개인의 의사에 맡김으로써, 범죄로 인해

---

8) 손기식, 교통형법, 222면; 김일수 외 3인 공동연구, 교특법 개선방안 연구, 2004, 76면; 법무법인 태평양, 교특법 개선방안에 대한 검토, 2008, 16면.

유발된 사회적 갈등해소에 개인의 결정권을 우선시키고 있다.

이 같은 사소는 고대사회와 중세에는 일반적인 경향이었으나 근대국가 성립 후 국가공형벌이 확립되면서 위축되기 시작했다. 하지만 오늘날에도 범죄문제로 야기된 사회공동체의 법적 평화 회복에 예외적이지만 적극적인 몫을 담당하고 있다. 형법상 반의사불벌죄와 친고죄는 이러한 사소제도의 이념과 맥을 같이하는 것으로서 국가소추주의가 확립된 오늘날의 형사사법에서도 상대적으로 불법비난이 낮은 범죄문제의 형사사법적 해결에 긍정적인 기여를 하고 있다.[9)]

한국 형사법 학계에서 일찍이 피해자학적 관점을 깊이 천착했던 권문택 교수[10)]는 친고죄와 반의사불벌죄에 관해 다음과 같이 말한다:[11)]

> 친고죄는 범죄를 기소하여 일반에게 알림으로써 피해자에게 이중으로 불이익을 가져올 우려가 있는 경우, 즉 피해자의 명예를 존중하는 경우(예: 강간죄 등)와 비교적 경미한 범죄이므로 피해자의 의사나 감정을 무시해서까지 소추할 필요가 없다고 인정되는 경우[예: 모욕죄, 사자(死者)에 대한 명예훼손죄 등]에 피해자의 의사를 특히 존중하려는 데에 그 입법취지가 있다.

현행법상 반의사불벌죄는 대체로 전기 후자의 경우에 속하

9) 권문택, 「피해자의 명시한 의사」, 형법학연구, 1983, 377면 이하.

10) 권문택, 「형법상 피해자 측면에 관한 연구」, 앞의 책, 1-131면; 「피해자학의 기본문제」, 앞의 책, 184-206면 참조.

11) 권문택, 「피해자의 명시한 의사」, 앞의 책, 377면.

는 범죄에 준하는 것으로, 특히 피해자가 심리적 압박감 또는 후환의 두려움에서 고소를 주저하여 친고죄로 규정하여 놓아도 그 기능을 다하기 힘들다고 인정되는 경우를 상정하고 특별한 유형을 설정하여 놓은 것이라고 보겠다.

그리하여 "피해자의 명시한 의사에 반하여 논할 수 없다" 라는 소극적인 규정으로써 종래의 친고죄 운영상의 결함을 메워 그 실효를 거두자는 것이 입법취지라고 생각되며, 또한 이 규정은 일본 개정 형법가안(1940년 3월)의 영향을 받은 立法형식이라고 추측되고 있다.

그렇다면 반의사불벌죄는 법익침해성이나 반사회성이 비교적 경미한 범죄로서, 그리고 일반예방의 관점에 비추어 보더라도 처벌의 필요성이 낮은 범죄이기 때문에 국가형벌권의 행사여부를 개인의 의사에 맡겨도 좋은 정도로 예외적인 경우로 국한되어야 할 것이다.[12] 실제 우리 형법상 반의사불벌죄는 단순폭행죄(§260①,③), 과실치상죄(§266①,②), 단순협박죄(§283①,③), 명예훼손죄(§307①, §312②)처럼 불법성이 경미한 경우에 국한된다. 같은 범죄유형이라도 공동폭행·협박[폭력행위등 처벌에 관한 법률(이하 폭처법) §2②], 집단·흉기 등 폭행·협박(폭처법 §3①), 업무상·중과실치상죄(§268)처럼 불법성이 가중되는 경우에는 처벌에 관한 피해자의 의사와 관계없이 공소제기 및 소추와 판결선고에까지 이른다.

그런데 교특법 제3조 제2항은 일반 과실치상죄에 비해 행

12) 법무법인 태평양, 앞의 글, 18면.

위불법이 가중되어 불법비난의 정도가 높은 업무상·중과실치상죄에 대해서도 반의사불벌죄로 규정하고 있고, 중상해에까지 이르지 않았으나 일반과실치상죄보다 법익침해의 결과, 즉 결과불법이 중하여 불법비난의 정도가 높은 업무상·중과실치상죄에 대해서까지 여전히 반의사불벌죄로 규정하고 있다. 이 같은 교특법 제3조 제2항의 특례조항은 비교적경미한 범죄에 한하여 반의사불벌죄로 규정함으로써 전과자 양산을 막고, 사법비용도 경감하고자 하는 반의사불벌죄의 본래 규정취지와도 맞지 않고, 다른 반의사불벌죄와의 균형도 깨트린 교특법 특유의 특혜조치임이 분명하다.

셋째, 교특법 제3조 제2항 단서에 해당하지 않는 중과실로 인한 교통사고로 중상해의 결과(개정 교특법 제4조 제1항 단서 2호)에 이르지 않았지만 비교적 중한 결과불법에 이른 업무상과실·중과실치상죄의 경우 행위불법·결과불법의 가중으로 불법비난성이 높은데도 불구하고 종합보험 또는 공제에 가입되었다는 이유만으로 공소제기를 원천적으로 봉쇄한 교특법 제4조 제1항 본문의 특례조항은 처벌의 형평성, 피해자의 관점, 적극적 일반예방의 관점 등에 비추어 볼 때 일반 업무상과실·중과실치상죄에 비해 대단한 특혜에 해당한다는 점이다.

물론 이 점에 관하여는 필자가 앞에서(Ⅱ, Ⅲ, Ⅳ, Ⅴ장) 중점적으로 검토한 바 있기 때문에 여기에서 재론할 필요가 없어 보인다. 물론 문제의 이 교특법 조항에 관하여는 2009. 2. 27. 헌재의 일부위헌결정이 있은 후 2010. 1. 25. 교특법 일부개정법률의 제정 및 즉시발효로써 법률의 공백상태는 메워진 셈이다. 하지만 그것은 어디까지나 이 교특법 특례조항이 갖고 있는 문제점을 임기응변식으로 미봉한 데 불과할 뿐 근본적인 해결책이 될 수 없다는 점에서 교특법의 실험법률적 성격은 시대착오적으로 계속되고 있다. 그러므로 지금은 근본적인 대안을 모색해 보아야 할 단계이다.

3. 개선방안의 검토

(1) 논점의 정리

2010. 1. 25. 교특법 개정법률이 발효되기 전까지 교특법에 관한 주요 개선방안들은 다음 몇가지 유형으로 분류해 볼 수 있다.

첫째, 교특법을 전면 폐지하는 방안이다. 교특법의 실용적 측면, 법리적 측면, 형사정책적 측면의 문제를 해소하고 선진교통문화국가로 발돋움하자면, 선진국에서 그 유례를 찾아볼 수 없는 교특법을 전면 폐지하고, 그로 인한 부작용과 충격파를 최소화할 수 있는 대안을 모색해 보자는 관점이다.

그 보완책으로는 주로 일본의 경미교통범죄에 대한 형의 면제(일본형법 제268조의2), 전치 2주 이내의 경미사건의 경우 별도의 간략서식에 의해 사건을 신속 종결시키는 간이절차(일본의 사법경찰관리 집무규칙) 등의 제도를 도입해 보자는 것이다.[13)]

둘째, 종합보험 면책을 물적 피해에 한정하는 방안이다. 자동차 종합보험이나 공제에 가입했더라도 도로교통법 제151조

---

13) 김일수 외 3인 공동연구, 「교특법 개선방안 연구」, 2004. 10, 84면 이하; 민만기, 「헌재 위헌결정에 따른 교특법 개선방안」, 국회교통안전포럼 자료집, 2009. 4. 22, 48면 이하; 법무법인 태평양, 앞의 글, 39면 이하.

위반죄에 대해서만 공소제기를 할 수 없도록 하고, 업무상과실치상죄·중과실치상죄의 경우에는 공소를 제기할 수 있도록 하자는 입장이다. 일종의 절충을 고려한 관점인 셈이다. 즉 교특법 제3조 제2항 본문의 반의사불벌규정을 그대로 유지함으로써 교통범죄 전과자 양산 및 사법기관의 업무폭증 등 부작용을 줄이고, 가해자·피해자의 합의를 통해 사회통합 지평을 넓혀가는 장점을 살리자는 것이다. 또한 교특법 제4조 제1항의 위헌성 시비를 근본적으로 차단하여 피해자의 재판절차진술권의 과도한 제한이라는 약점으로부터도 벗어날 수 있다는 것이다.

물론 도로교통법 제151조는 형법상 원칙적으로 처벌되지 않는 과실재물손괴 부분은 새롭게 규율대상으로 삼은 것이므로, 전통적 형법의 과실범 체계에서 보면 이를 특례조치의 대상으로 삼는다고 해도 달라지는 것이 별로 없어 보인다. 하지만 오늘날 교통사고로 인한 과실재물손괴 부분은 단지 단순한 대물적 손실만이 아니라, 현주건조물, 공공시설물 등 그 위험으로부터 특별히 보호해야 할 대상들이 고려되어야 하므로, 이를 일률적으로 물적 피해라는 개념의 지붕 밑에 단순화할 수 없다는 점이 남아 있다. 피해자의 법감정 부분을 고려한다면 단순한 인피(人被)와 물피(物被)의 이분론은 피상적인 접근법이라는 반론도 제기될 수 있을 것이다.

셋째, 11개 예외사유 외에 중과실 일반에 의한 치상의 경우에도 공소를 제기하는 방안이다.[14] 중과실은 일반과실에 비해 가중된 주의의무 위반을 지칭하는 것이므로 이 같은 중한 행위반가치로 인해 불법비난의 정도가 높은 경우에는 자동차

14) 법무법인 태평양, 앞의 글, 42면 이하.

종합보험이나 공제에 가입했더라도 공소를 제기할 수 있도록 교특법 제4조 제1항 단서를 개정하자는 입장이다. 이 입장은 11개 예외사유에 해당하는 교통 중과실·업무상과실치상 피해자와 그렇지 않은 교통 중과실·업무상과실치상 피해자의 재판절차진술권 보장에 차별을 없앤다는 장점 외에 경한 교통사고에 비해 가중한 행위불법으로 불법비난성이 높아진 행위양태에 대해 처벌을 요구하는 법감정을 반영했다는 의미가 있다. 그러나 이것은 결과반가치 면에서 정도가 중한 법익침해성을 야기한 업무상·중과실치상에 대해 여전히 특혜를 베풀고 있다는 비난에 부딪힐 수 있다.

넷째, 과실의 정도를 불문하고 중상해의 경우에 공소를 제기할 수 있도록 하는 방안이다. 운전자의 과실이 경과실이든 중과실이든 불문하고 형법 제258조 제1항, 제2항(중상해, 존속중상해)에 규정된 바와 같이 '생명에 대한 위험을 발생하거나 불구 또는 불치나 난치의 질병에 이르게 한' 결과를 초래한 경우에는 결과불법의 측면을 중시하여 보험이나 공제의 가입여부에 관계없이 공소를 제기할 수 있도록 하는 방안이다.[15] 헌재의 2009. 2. 27.자 교특법 일부위헌결정도 이 점에 초점을 맞춘 것이었고, 2010. 1. 25.자 교특법 일부개정법률상 공소권봉쇄조치의 예외사유로 추가된 '중상해' 규정도 이 입장을 반영한 것이다. 하지만 사고의 유형 및 상해결과의 다양성 그리고 피해자 개개인의 신체기능의 특성 등을 감안한다면 교특법 제4조 제1항 단서 제2호의 중상해와 그에 접근하는 유사한 중상해의 구별은 현실적으로 어렵고, 특히 새로운 과실론[16]이나 피해자학

---

15) 법무법인 태평양, 앞의 글, 44면 이하.

16) 이른바 Bonn학파의 행위반가치 일원론에 입각한 과실론을 말한다.

적 관점을 우선시하는 입장에서 보면 결과반가치 측면만 중시하였다는 비판에 직면할 수밖에 없다.

오늘날 과실범체계의 이론적인 추세는 점차 결과불법 측면에서 행위불법 측면으로 이전하는 경향이 있다. 이 점을 깊이 고려한다면 비교적 경미한 과실행위불법(예컨대 교통규칙 위반)에 대해서도 공적인 소추작용을 통하여 적극적 일반예방 관점의 정향성 기능을 위축시켜서는 안 된다는 결론에 이른다.[17)]

다섯째, 중과실 일반의 경우 또는 중상해 결과를 발생게 한 경우에 공소를 제기할 수 있도록 하는 방안이다. 폐지론에 가까운 입장으로서, 종합보험이나 공제가입으로 인한 공소권제한 특례범위를 앞서 본 셋째 그리고 넷째 입장보다 더 좁히려는 입장이다. 만약 폐지론의 채택이 현실적으로 고려해야 할 부작용 때문에 어렵다면, 이 관점이 법이론적으로 가장 합리적인 개선방안이라는 견해도 있다.[18)] 이 관점은 도로교통법 제151조 물피(物被)에 대해서만 공소권제한 특례를 주자는 두 번째 견해와 대체적으로 중복되는 측면은 있으나, 경과실·경상해의 경우처럼 운전자의 처벌필요성이 그다지 크지 않은 경우에 운전자의 심리적 부담감을 줄여줄 수 있고, 피해자의 과도한 손해배상금 압력 부작용도 제어할 수 있는 장점이 있기 때문이라는 것이다.

이 견해가 최근 헌재의 일부위헌결정이나 그에 따른 교특법 일부개정법률보다 법이론적으로 진일보한 것은 사실이다.

이에 관한 상론은 김일수, 한국형법Ⅱ, 396면 이하 참조.

17) Haffke, Tiefenpsychologie und Generalprävention, a.a.O., S.76, 169f; 손기식, 교통형법, 150면 참조.

18) 법무법인 태평양, 앞의 글, 47면 이하.

그러나 업무상 과실로 인한 교통범죄 일반의 경우를 어떻게 취급해야 할지, 중상해에 해당하지 않지만 피해자의 신체적 기능의 특수성을 고려할 때, 정신적 트라우마 측면에서 신체적 중상해에 못지 않은 후유증이 예상되는 경우 또는 중상해에 준하는 교통범죄의 경우에 중과실 일반이나 중상해 결과발생 일반과 구별하여 특례적용의 차등을 두고, 피해자의 재판절차진술권이나 재판절차참여권에 차등을 두어야 할 이론적인 근거가 어디에 있는지 분명하지 않다. 단지 교특법 폐지로 인한 불안감을 해소하고, 악덕 피해자들의 억지배상요구의 부작용을 최소화해 보자는 실용적 의도가 엿보인다. 물론 이 같은 문제점들은 교특법을 살려둔 채, 특례조항의 적용범위를 손질해 가는 임시방편보다, 교특법을 전면폐지하고 그 후유증을 최소화하기 위한 근원적인 입법보완책을 통해 충분히 해소할 수 있다는 점을 염두에 둔다면, 역시 미봉책에 지나지 않는다고 할 것이다.

따라서 필자는 이제 '교특법의 안락사' 시기가 도래했다는 전제 아래, 교특법이 사라진 교통문화의 거리에서 새로운 교통문화 선진화를 위한 법이론적·법정책적 대안들을 모색해 보고자 한다.

(2) 형법정책적 측면에서의 대안

(가) 임의적 형의 면제규정 도입

교특법을 전면적으로 폐지하는 경우 경미한 교통사고까지 형사처벌의 대상으로 삼게 됨으로써 전과자 양산 및 사법비용 증가를 초래할 우려가 있다는 지적이 있다.[19] 뿐만 아니라 경

19) 법무법인 태평양, 앞의 글, 40면.

중의 차이 없이 모든 교통사고 야기자를 일률적으로 형사처벌의 대상으로 삼는 것은 적극적 일반예방의 관점에서도 형벌법규의 적정성과 타당성에 대한 일반의 신뢰를 무너뜨려, 오히려 법경시 풍조의 범람을 초래할 위험도 있을 수 있다는 것이다.[20]

이러한 지적은 전혀 근거 없는 것이 아니다. 이웃 일본의 교통형법이 보여주는 시의적절한 대응전략은 그런 점에서 교특법 없는 교통문화의 지평으로 나가는 데 시사하는 바가 크다. 즉 일본은 교특법 같은 특별법이 없고, 형법에서 업무상과실·중과실치사상죄와 도로교통법에서 운전자의 업무상과실·중과실재물손괴죄(제116조)로써 교통범죄에 대처하고 있다. 합리적인 형사정책적 노력에도 불구하고, 교통범죄가 늘어나자 2001년 형법개정에서 경미한 교통범죄에 대해서는 임의적으로 형을 면제할 수 있는 규정을 신설했다.[21]

물론 일본은 2001년도 형법개정에서 이와는 반대방향에서 알코올 또는 약물의 영향 아래 자동차를 운전하는 행위 등 4가지 유형의 위험한 운전으로 인하여 상해의 결과를 발생하게 했을 경우 상해죄 유형의 법정형에 맞먹는 이른바 '위험운전치사상죄(제208조의2)'를 신설하여, 새로운 교통위험에 대처하는 형벌강화적 조치도 취했다.

일본의 경미한 교통범죄에 대한 형면제 규정(제268조의2)은 "도로교통법 제2조 제16호의 규정에 의한 차와 건설기계관리법 제2조 제1호의 규정에 의한 건설기계의 교통으로 인하여 전조

20) 민만기, 앞의 글, 52면.

21) 일본형법 제211조의2 (상해가 경미한 때에는 정상에 따라 그 형을 면제할 수 있다.)

의 죄 중 업무상과실치상죄 또는 중과실치상죄를 범한 경우에 상해의 정도가 경미한 때에는 정상에 따라 그 형을 면제할 수 있다"는 내용을 담고 있다.

경미한 교통사고에 대해서도 비교적 엄중한 처벌의 끈을 놓지 않았던 형사정책 기조가 교특법 시행 직전까지 우리나라 교통범죄에 대한 형사사법 관행이었다. 지난 세기 80년대 초반까지 교통범죄에 대해 보여주었던 강벌적 관행이 만약 자동차 산업 활성화시대와 마이카 도래 시기에 맞추어 합리적인 형사정책 기조로만 바뀌었어도 교특법같은 특별법의 출현은 필요없었을 것으로 추측된다. 하지만 신군부의 등장시 도덕적 정당성이 약했던 권위주의정부가 일종의 온정주의적 입법 포퓰리즘에 편승하고자 했기 때문에 합리적 형사정책에 의한 시대변화의 수용이 불가능했던 것이다.

그 후 30년 가까이 우리의 교통문화와 교통질서의식은 안타깝게도 이 교특법 특례조항의 특혜 울타리 안에서 일종의 변질과 일탈을 체득한 셈이다. 지금이라도 정상적인 교통문화의 지평으로 나가자면 이 특혜조치의 울타리를 과감하게 벗어나는 자기결단과 자기혁신이 필요하다. 그것은 도로교통에 참여하는 일반시민들의 몫이기도 하지만 무엇보다 현명한 입법자와 입법정책가들의 몫이기도 하다.

(나) 피해원상회복제도의 도입

1980년대 이후 형사사법제도의 이념적 변화의 틀은 '징벌적 사법'에서 '회복적 사법'으로의 패러다임 전환이라고 할 수 있다. 회복적 사법에서는 피해원상회복(victim restitution)과 가해자-피해자-화해(Täter-Opfer-Ausgleich) 같은 제도가 논의의 중심에

섰다.

피해원상회복은 범죄피해자가 입은 손해를 가해자가 복구하거나 회복시켜 주도록 하는 형사제재제도이다. 물론 이 같은 손해전보는 물질적 방법과 비물질적 방법으로 가능하고, 개인적 법익을 침해하는 범죄에서는 직접 범죄피해자 개인 또는 가족에게, 비개인적 법익을 침해하는 범죄에서는 공익봉사나 기부금출연과 같은 사회공동체에 대한 상징적 방법으로도 가능하다.[22)]

원상회복에서 중요한 점은 형사절차 속에서 과해지는 부담의 일종이긴 하지만 가해자의 적극적인 참여로 인한 범죄피해의 회복이라는 점에서 국가가 범죄피해자를 부조하는 공적 범죄피해보상이나 범죄피해자구조 제도와 구별된다.[23)] 또한 형사적 제재의 일종이라는 점에서 민사적인 손해배상과도 구별된다.

물론 원상회복이 독립된 형벌로서의 의미를 지니느냐, 아니면 형벌(제1원)과 보안처분(제2원) 이외의 제3의 제재제도로서 제3원으로 볼 것이냐에 관해서는 학자들의 견해가 일치하지 않는다. 원상회복이 형사사법에서 형사사법 제재수단의 하나로 부과된다는 점을 들어 형벌의 속성을 지닌 특별한 양태의 새로

---

22) 김일수, 「형사상 원상회복제도의 형사정책적 기능과 효용에 관한 연구」, 성곡논총, 1990, 579면 이하; 하태훈, 「범죄피해자의 형사절차상의 지위와 권리」, 안암법학, 1993, 310면 이하; 이호중, 「형법상의 원상회복」, 형사법연구 제12호 (1999), 307면 이하; 이진국, 「독일형법의 제재체계상 상징적 원상회복」, 비교형사법연구 제2권(2000), 253면 이하; 정승환, 「폐지주의의 형사정책적 의미」, 고려법학 제55권(2010), 159면 이하 참조.

23) 헌법 제30조의 기본권을 구체화한 1988년 범죄피해자구조법 참조.

운 형벌이라고 한다면 '회복적 사법'으로서의 의미는 실종될 수밖에 없다. 그렇다면 원상회복을 '전통적인 형벌목적에 기여할 수 있고 또 일정한 정도로 형벌을 대체하거나 형벌을 완화하는 독자적 형태의 처분'으로 이해하는 것이 무난할 것이다.[24] 이렇게 보면, 원상회복 노력을 우선하고 그 성과에 따라 형벌을 배제함으로써 형벌의 최후수단성을 유지할 수 있고, 또한 원상회복제도를 꼭 필요한 사건에 제한적으로 활용함으로써 보충성의 원칙도 지킬 수 있다.

독일은 1975년 형법 개정시부터 집행유예의 조건으로 범인이 범죄피해를 원상회복하기 위한 노력을 기울였을 때, 이를 고려하도록 했었다(§56② StGB). 그러나 이에서 한발 더 나아가 1990년대 초 형법개정법률을 통해 범죄자-피해자-화해와 원상회복을 임의적인 형벌감면사유로 만들었다(§46a StGB). 우리나라 형법상으로 원상회복제도는 아직 형사제재제도 속으로 발을 붙이지 못하고 있는 실정이다. 그러나 1992년 법무부 형법개정안 제63조 제1항은 "형의 집행을 유예하는 경우에는 보호관찰을 받을 것을 명하거나 사회봉사 또는 수강을 명할 수 있다"는 안을 담고 있었다. 그 후 1995. 12. 29.자 형법 일부개정작업에서 제62조의2, 즉 "형의 집행을 유예하는 경우에는 보호관찰을 받을 것을 명하거나 사회봉사 또는 수강을 명할 수 있다"가 신설되어 지금까지 시행되고 있다. 현재 한창 진행 중인 법무부 형법개정시안은 이에서 한발 더 나아가 시안 제58조 제1항에 "형의 집행을 유예하는 경우에는 보호관찰, 사회봉사, 수강, 치료 또는 피해회복을 명할 수 있다"는 내용을 담아, 계획

24) Roxin, Die Wiedergutmachung im System der Strafzwecke, in : Schöch (Hrsg.), Wiedergutmachung und Strafrecht, 1987, S.43.

대로 형법 개정작업이 잘 마무리되면 우리나라에서도 피해원상회복제도가 드디어 형사제재제도 속으로 발판을 마련하는 계기가 될 것으로 전망된다.

물론 피해원상회복제도의 형사제재제도 편입에 대해서는 ① 민법과 형법의 전통적인 구별, ② 피고인의 법적 지위에 대한 경제적인 부담 가중, ③ 형사사법의 통제그물망을 밑바닥의 경미범죄에까지 저인망식으로 훑게 될 위험, ④ 양형의 기초로서 책임확정과 양형의 구별을 와해시킬 위험 등이 제기되기도 한다.[25] 그러나 형법정책적으로 간과할 수 없는 원상회복제도의 의미는 그것이 가해자와 피해자의 관계개선에 적극 기여함으로써 범인의 재사회화와 피해자의 재사회화를 함께 도모할 뿐만 아니라 물질적·정신적 손해의 회복노력과 그를 받아들이는 피해자의 법감정 만족, 이를 긍정적으로 평가하는 형사사법제도를 통해 종국적으로 법의 평화를 위한 사회심리적 안정화 단계에 이르러 갈 수 있다는 점이다.[26]

만약 원상회복제도가 독일형법 예처럼 임의적 형벌감면제도로 형사제재의 일종으로 입법화된다면, 특히 교특법 폐지로 인한 법공동체의 심리적 공백상태를 안정화시킬 수 있는 유용한 법제도로 작용할 수 있으리라 기대된다.

---

25) Albrecht, Strafrechtsverfremdende Schattenjustiz. Zehn Thesen zum Täter-Opfer-Ausgleich, FS-Schüler-Springorum zum 65. Geburtstag, 1993, 83f.

26) 이에 관하여는 특히 Beste, Schadenswiedergutmachung–ein Fall für zwei?, in : KJ, 1986, S.174; Plack, Plädoyer für die Abschaffung des Strafrechts, 1974, S.323ff.: Müller-Dietz, Täter-Opfer-Ausgleich im Strafprozess aus der Sicht des Strafrichters, in : Katholische Akademie Trier(Hrsg.), Straffälligkeit und Wiedergutmachung, 1980, S.78 참조.

(다) 가해자(범인)-피해자-화해제도의 도입

가해자(범인)-피해자-화해제도는 용어의 사용례에 따라 가해자-피해자-조정제도 또는 형사화해제도, 형사조정제도 등으로도 불리운다. 민사법에서 발달한 조정제도는 주로 물질적 손실부담에 중점을 둔다는 점에서, 정신적·상징적인 의미의 화해까지 포함하는 형사상의 이 제도를 가해자-피해자-화해제도로 부르는 경향이 많다.[27)]

가해자-피해자-화해(Täter-Opfer-Ausgleich)는 범죄로 발생한 또는 범죄라는 형태의 가해자-피해자 간의 사회적 갈등을 화해로 해결하려는 형사제재제도의 한 양태이다. 범인의 입장에서는 행위결과에 대한 자발적이고 능동적인 책임감수와 그에 대한 성의 있는 보상을 통해 범죄로 인해 침해된 규범의 권위를 회복하고, 사회에 재통합될 수 있는 기회를 전통적인 제재방법 이외의 방도를 통해 얻는다는 의미가 있다. 일종의 다이버전인 셈이다. 피해자의 입장에서는 가해자의 솔직한 책임인정을 확인하고 그 피해보상 노력을 받아들임으로써, 손상된 법감정의 만족을 얻을 수 있고, 범죄문제로 야기된 갈등상황을 종식시킴으로써 피해자 스스로도 재사회화의 지평으로 나아간다는 의미가 있다. 이 같은 양자의 입장은 바로 사회통합이라는 적극적 일반예방 목적의 성취에서 합치할 뿐만 아니라, 회복적 사법이념의 실현에서도 합력하는 일이 된다.

이미 앞서 언급한 바와 같이 가해자-피해자-화해제도는 피해원상회복제도와 많은 부분 일치하고 있고, 독일의 입법례를 보더라도 양자는 비록 용어만 다를 뿐 동일한 법효과에 이르는

---

27) 이에 관하여는 정승환, 앞의 글, 178면 주55 참조.

유사한 제도로 취급되고 있다. 양자는 범죄라는 사회적 갈등문제의 해소에서 전래적인 형사제재의 방법이 아닌 우회적 수단을 동원한다는 점에서 그리고 어떤 방식으로든 가해자측으로부터 피해자의 물질적·인격적·정신적 손해를 회복시키려는 노력을 전제한다는 점에서 공통점을 갖는다.

그러나 가해자-피해자-화해는 극단의 경우 가해자의 물질적 보상 없이도 정신적 사랑 그리고 화해에 이를 수 있다는 점에서 모종의 물질적 보상이나 상징적인 출연을 전제로 하는 원상회복과 구별될 수 있다. 가해자-피해자-화해에서 원상회복은 화해의 중요한 통로가 될 수 있지만, 그것을 대신하거나 의제될 수 없다는 점도 양자 사이의 간극과 긴장관계를 말해주는 대목이다.

가해자-피해자-화해 제도에 대해서는 수사기관, 특히 검찰이 '법관 앞의 법관'이 되어, 사건을 화해로써 종결시킴으로써 '법관에 의한 재판을 받을 권리'를 침해한다거나, 무죄추정의 원칙을 교란시킴으로써 법치국가적 형사절차를 침식시킬 우려가 제기되기도 한다.[28] 하지만 법관에 의해 재판을 받을 권리는 피고인에게 유리하게 작용하는 한 기본권 보장 취지와 아무런 충돌이 일어나지 않는다는 점에서 기우에 불과하다. 또한 무죄추정의 원칙도 형사화해제도가 특히 범인의 솔직한 책임인정과 능동적 후회에 기초하여 피해자의 용서를 구하는 데서 출발한다는 점, 피해자가 가해자의 용서바람을 자율적으로 수용

28) Rössner, Wiedergutmachung statt übervergelten, in: Marks/ Rössner (Hrsg.), Täter-Opfer-Ausgleich. Vom zwischenmenschlichen Weg zur Wiederherstellung des Rechtsfriedens, 1989, S.95f.; 정승환, 앞의 글, 183면 참조.

하여 화해의 악수를 건넨다는 점을 고려할 때, 결코 기우에 지나지 않는 것으로 보인다.

더 나아가 가해자-피해자-화해제도의 확대가 종전 같으면 기소유예나 선고유예로 끝날 사안인데도 이 같은 유예제도의 부담부 조건으로 작동할 수 있어 결과적으로 종전보다 '통제그물망의 확대'를 낳는다는 우려도 제기되고 있다.[29] 하지만 이 같은 지적도 일면적인 고찰에 치우쳤다는 비판에서 벗어나기 힘들어 보인다. 유예제도는 형사제재제도의 제3원이라 일컬어질 만큼, 자유형 대체수단으로 널리 주목받고 있다. 하지만 사회내처우의 실효성 관점에서 유예제도에는 새로운 부담부 처분들이 추가되는 추세에 있고, 이 같은 제재효과 때문에 오히려 종전에는 단기자유형이나 자유형의 실형을 선고할 수밖에 없었던 사건도 유예형으로 처단할 수 있어, 실질적으로는 통제그물의 완화라고 볼 측면도 있기 때문이다.

아직 우리나라의 제재제도 속에는 형사화해제도가 입법화되지 않았지만 독일의 예를 따를 때, 기소유예 또는 집행유예의 조건 내지 독립된 임의적 감면사유로서 입법화된다면, 교특법 폐지 후 비교적 경미한 교통범죄의 문제해결에 유용한 법적 도구가 될 수 있을 것으로 기대된다. 아직 법적 제도장치가 마련되어 있지 않지만, 이미 우리나라에서도 형사사법의 실제에서 비공식적으로 '합의' 또는 '형사조정절차' 등의 이름으로 형사화해제도는 널리 활용되고 있는 실정이다. 이들 비공식적인 제도를 공식적인 제도로 법제화함으로써 제도운영의 투명성과 객관성을 높이고, 특별예방 및 사회통합적 예방기능의 충족도

29) Frehsee, Schadenswiedergutmachung als Instrument strafrechtlicher Sozialkontrolle, 1987, S.153f.

도 높일 수 있도록 하는 것이 형법정책의 시급한 과제 중 하나이다.

(3) 형사소송법 정책의 측면에서 본 대안

(가) 피해자 재판절차 참가제도

형사재판절차에 피해자가 참여해야 할 필요성은 이미 살펴본 바 있다. 이미 일본, 미국, 독일, 프랑스는 물론 국제형사재판소(ICC) 절차·증거규칙도 ICC관할범죄(집단살해죄, 전쟁범죄 등)에서 피해자참가제도(Participation of victims in the proceedings)를 공식 인정하고 있다. 각국의 입법례는 피해자를 증인으로만 취급하는 기초단계에서부터(우리나라), 피해자로 하여금 당사자의 지위를 갖고 공판에 참여하게 하는 국가(일본 등), 피해자에게 소추권과 같은 국가형벌권의 일부권한까지 인정하는 국가(독일, 프랑스, 영국 등)도 있다.

우리나라는 국가소추주의, 검찰의 기소독점주의 원칙을 전통으로 하고 있다. 따라서 사인소추주의를 부분적으로 인정하고 있는 나라와는 달리, 우리나라에서는 검사가 대리하는 국가소추 및 국가공소유지의 큰 틀 안에서 피해자가 특정한 사안에 한하여 검사의 원고관 지위에 보조적으로 참여할 수 있게 하는 것이 바람직해 보인다. 일본의 현행 피해자참가제도도 이러한 경향을 띠고 있다.[30]

피해자참가 대상범죄도 필요한 경우로 제한하고, 절차참여를 검사의 주도적 지위를 보완하는 방식으로 하는 것이 바람직해 보인다. 기분이 만사를 좌우할 수 있는 한국인의 정서특성

30) 이에 관하여는 김영기, 「피해자의 공판절차참가 도입방안 연구」, 정성진박사 고희기념논문집, 2010, 691면 참조.

상 엄숙한 법정이 피해자의 재판절차참가로 자칫하면 가해자-피해자 간의 사적 보복감정과 결투의 장으로 변질될 우려도 염두에 두어야 하겠기에 말이다. 검사는 피해자와는 달리 원고관일 뿐만 아니라(이 한에서 검사는 피해자와 이해관계가 같다), 객관의무를 지고 있기 때문에 피고인에게 유리한 사정도 고려해야 할 임무가 있다(이 한에서 감사는 피해자의 사적 이익과 거리를 두고 있다). 따라서 검사의 주도적 소송수행에 피해자가 이해관계인으로 보조참가하는 형식이 현실적으로 수용할 만한 수준으로 보인다.

특히 피해자참가 대상범죄는 일본의 경우처럼 주로 살인, 상해, 약취·유인, 성범죄, 강도, 교통범죄로 국한하는 것이 합리적이라고 생각한다. 또한 참가를 위해서는 피해자 본인 또는 그 가족이 검사에게 신청하고, 법원이 검사를 통해 신청된 피해자의 재판절차참여요구의 허용여부를 결정하는 방식으로 이 제도를 운영하는 것이 좋을 것이다.[31]

이미 현행법상으로도 피해자는 재판절차진술권을 갖고 있다(형사소송법 제294조의2). 따라서 피해자의 재판절차참여권을 새롭게 입법화한다면 양자의 관계를 어떻게 다루어야 할 것인가도 문제이다. 형사소송법 제294조의2에 규정된 피해자진술권은 피해자가 증인의 지위에서 선서하고 증언하는 것이므로, 적극적인 당사자의 지위에서 신문권을 행사하고 의견을 진술하는 피해자참가제도와는 의미가 다르다. 양 제도가 병존하는 상황을 전제한다면 피해자는 피해자진술제도에 따라 증인으로 답변할 것인지, 보다 더 적극적으로 당사자 지위에서 신문권을 행

31) 김영기, 앞의 글, 692면.

사할 것인지를 선택할 수밖에 없다.32)

이 같은 피해자 재판절차참여권은 피해자 문제를 참여와 대화적 소송절차 속에 주체로 끌어들임으로써 전통형법의 오랜 관행이었던 피해자의 중립화 문제를 해결할 수 있는 주요한 실마리를 제공한다. 그러나 이 제도의 도입에 대해서도 몇 가지 우려의 목소리가 있는 것이 사실이다.

첫째, 범죄피해자의 절차참여를 인정하면 재판이 피해자의 사적인 응보감정에 휘둘려서 적정한 심리와 사실인정이 방해되고, '중벌화'를 초래할 우려가 있다는 점이다. 물론 중벌화의 원인 중에는 피해자의 복수감정도 한 몫을 할 수 있다는 점은 널리 알려진 바이다. 그러나 피고인은 피해자에 대응하여 자신에게 유리한 양형자료를 법정에 제출하거나 유리한 양형변론을 통해 피해자의 복수 욕구를 상쇄시킬 수 있다. 더욱이 이미 준비중인 합리적인 양형가이드라인의 제정과 양형자료조사제도를 통하여 행위자의 사회복귀에 유리한 양형제도가 확립되면, 이 같은 우려는 법관의 양형판단에서 충분히 여과될 수 있으리라고 판단된다.33)

둘째, 피고인의 방어권행사를 위축시킬 우려가 있다는 점이다. 종래 형사소송에서 피고인은 공소관인 검사와 무기대등의 원칙하에 진술거부권과 무죄추정의 법리 및 증거법상 피고인에게 유리한 각종 배제법칙 등의 보호를 받았으나 피해자의

32) 조균석, 형사절차에서의 범죄피해자 보호방안－피해자참가제도의 도입을 중심으로(2009년 법무부용역과제), 11면; 안성수, 형사소송법, 2009, 554면; 김영기, 앞의 글, 696면.

33) 이에 관하여 김일수, 바람직한 양형조사 주체 및 조사방식에 관한 연구－양형조사제도에 관한 비교법적 연구를 중심으로－(2009년 대검찰청 용역과제), 101면 이하(행형에서 특별예방 우위와 한계) 참조.

절차참여로 검사에 비해 사실상 열악한 지위에 있는 피고인이 심리적으로 더 위축될 수 있다는 점이다. 피고인의 감동적인 자기방어 못지않게 피해자의 날선 공격이 가세하면 사실상 피고인의 방어권 행사에 모종의 위축이 일어날 개연성은 높다. 그러나 변호인의 조력을 받는 피고인으로서는 새로운 방어무기 개발로 이러한 위축으로부터 벗어날 수 있고, 피해자의 범죄유발에 대한 책임부분을 직접 공략함으로써 오히려 진실규명에 한 발자욱 더 가까이 다가갈 수 있는 가능성도 높다. 따라서 이 같은 제도가 피고인 방어권에 치명적인 타격을 준다는 것은 설득력 있는 주장이 되지 못한다.

셋째, 무죄추정의 원칙에 반할 우려가 있다는 점이다. 유죄판결이 확정되기까지는 피고인이 범죄자로 확정된 것이 아니므로, 범죄피해자란 실체도 유죄판결이 확정되기 전에는 확정되지 않는데, 이를 절차 속으로 끌어들인다면 무죄추정원칙을 잠식할 위험이 있다는 것이다. 그러나 절차적으로 참여하는 범죄피해자는 절차적 개념에 불과하고 범죄피해자의 절차참여가 실체적으로 피고인이 유죄라거나 진범이라는 단정을 전제한 것은 아니기 때문에 이 또한 기우에 지나지 않는다.[34)]

피해자의 절차참여 문제는 이미 '시대의 징조'가 되어버렸다. 여기에서 특히 강조하고자 하는 바는 피해자-가해자-화해제도와 같은 임의적 형벌감면제도가 실효성 있게 활용되려면, 공적인 재판절차 속에서 양자의 대면과 대화 기회가 제도화되는 것이 무엇보다 중요하다는 점이다. 피해자의 재판절차참여권은 형사화해제도의 구현을 위한 형사소송법적 정책의 관점에서도

---

34) 이호중, 재판과정에서의 범죄피해자 권리보호방안 연구(2008년 대검찰청 용역과제), 129면; 조균석, 앞의 글, 60면.

중요한 의미를 갖는다는 점을 여기에 덧붙이고자 한다.

(나) 형사조정제도

형사조정은 범죄로 인한 갈등을 해소하기 위해 제3자가 형사사건의 당사자를 중재하고 쌍방의 주장을 절충하여 화해에 이르도록 조력하는 제도이다. 이는 형사화해제도를 절차적으로 실현하기 위한 형사소송상의 제도이다.[35)]

독일 형사소송법 §155a는 "검찰과 법원은 절차의 모든 단계에서 피의자·피고인과 피해자 사이에 화해에 도달할 수 있는 가능성이 있는지를 검토하여야 한다. 검찰과 법원은 가장 적절한 사안에서는 당사자 간에 화해에 이르러 가도록 활동해야 한다. 피해자의 명시적인 의사에 반하여 그 적절성이 인정되어서는 안 된다"라고 하여 이 제도의 기본원칙을 정했다. 뒤이어 §155b는 「범죄자-피해자-화해」라는 표제 아래 "검찰과 법원은 범죄자-피해자-화해 또는 원상회복의 목적을 위해 이 제도의 이행을 수임받은 기관의 하나에게 직권 또는 그 기관의 신청으로 그에 필요한 일신(一身) 관련정보를 제공할 수 있다. 서류는 정보의 분산이 비교할 수 없을 정도로 시간낭비를 가져올 때에 한하여 그 열람을 위해 수임받은 기관에 송부될 수 있다. 만약 수임받은 기관이 공기관이 아닐 경우에는 그에게 교부된 정보들은 단지 범죄자-피해자-화해 또는 원상회복의 목적으로써만 사용될 수 있음을 고지해 주어야 한다"는 등의 상세한 절차와 주의규정을 담고 있다.

35) 조균석, 「회복적 사법과 관련한 최근의 실무동향」, 정성진박사 고희기념논문집, 2010, 393면; 송길룡, 「형사조정제도의 새로운 이해」, 법조 제608호, 2007, 139면.

우리나라는 검찰의 내부지침에 따라 2006. 4.부터 대전지검, 인천지검, 부천지청, 2006. 5.부터 서울남부지검에서 형사조정제도를 시범실시한 후, 2007. 8.부터 전국 검찰청에 확대시행하고 있다. 형사조정은 처음에는 범죄피해자지원센터 안에 설치된 형사조정위원회에서 담당했으나, 피해자지원기관이 일방쪽에 서 있어 공정성에 의문이 있다는 지적에 따라 2009. 11.부터 형사조정위원회의 소속을 해당 검찰청, 즉 각급 지방검찰청 및 동 지청으로 변경하였다. 검찰의 형사조정제도는 2010. 5. 14. 범죄피해자보호법의 개정으로 동법 제6장에 신설되었으며, 이로써 우리나라도 형사조정제도를 법적인 제도로 활용할 수 있게 된 셈이다.

이 개정법률에 따르면 검사는 피의자와 범죄피해자 사이에 형사분쟁을 공정하고 원만하게 해결하여 범죄피해자가 입은 피해를 실질적으로 회복하는 데 필요하다고 인정되면, 당사자의 신청 또는 직권으로 수사 중인 형사사건을 형사조정에 회부할 수 있다(동법 제41조 제1항).

형사조정에 회부할 수 있는 사건의 구체적인 범위는 대통령령으로 정하게 되어 있으나(동법 제41조 제2항 본문), 현재 개인간 금전거래로 인해 발생한 분쟁과 관련된 사기·횡령·배임 등 재산범죄나 명예훼손·의료분쟁·임금체불 등 사적 분쟁에 관한 고소사건이나 그 밖에 형사조정에 회부하는 것이 분쟁해결에 적합하다고 판단되는 고소 또는 일반 형사사건을 대상으로 한다. 다만 피의자가 도주하거나 증거를 인멸할 염려가 있는 경우, 공소시효의 완성이 임박한 경우, 불기소처분의 사유에 해당함이 명백한 경우(단, 기소유예처분사유에 해당할 경우는 제외)에는 형사조정에 회부해서는 안 된다(동법 제41조 제2항 단서).

형사조정에 회부되면 형사조정위원회는 지체 없이 형사조정절차를 진행하여야 한다(동법 제43조 제1항). 현재 실무적으로는 검사가 사안의 경중, 혐의의 유무 등을 고려하여 당해사건을 형사조정에 의뢰할 것인지 여부를 결정하고, 당사자가 동의하는 경우에 형사조정에 회부한다(형사조정실무운용지침 제2조). 비록 당사자의 동의가 법률상 요건으로 규정되어 있지는 않지만, 당사자 동의 없는 형사조정은 성립하기 어렵고, 회복적 사법이념은 당사자 간의 의사합치를 전제로 하는 점에 비추어 보면 현행 실무관행도 일리가 있어 보인다.[36)]

독일 형소법(§155a)상 형사화해절차의 기본원칙은 당사자의 명시적인 의사를 중시하고 있다. 당사자의 명시적인 의사에 반하지 않으면 비록 동의가 없더라도 형사조정절차를 진행시키는 것은 무리가 아니다.

형사조정을 실시하고 조정이 성립하면 형사조정 결정문을 작성하고(동법 제45조 제1항), 형사조정에 회부한 검사에게 이를 송부하여야 한다(동법 제45조 제3항). 형사조정위원회는 조정과정에서 증거위조나 허위진술 등의 사유로 명백히 혐의가 없는 것으로 인정되는 경우 담당검사와 협의하여 조정을 중단하고 담당검사에게 회송할 수 있다(동법 제45조 제2항).

우리나라에서 형사조정제도가 검찰에서 처음 시행된 후 지난 4년간 양적으로 크게 건수가 늘었을 뿐만 아니라 당사자의 만족도도 높게 나타나고 있는 실정이다.[37)] 그런데 법원의 형사재판단계에서 이와 같은 형사화해·조정제도가 법률상 제도화되어 있지 않은 것은 앞으로 해결해야 할 형사소송정책의 과제

36) 조균석, 앞의 글, 394면.

37) 조균석, 앞의 글, 396면.

라고 생각한다. 다만 민사상 다툼에 관한 형사소송절차에서의 재판상 화해(소송촉진 등에 관한 특례법 제36조 제1항), 소년법상의 화해권고(소년법 제25조의3 제1항)는 앞으로 형사재판절차에서 형사조정제도의 방향을 제시하는 방향타가 될 수 있으리라 기대한다.

어쨌거나 이 같은 형사조정제도가 앞으로 교특법 없는 교통형법분야에서 교통범죄로 야기된 가해자-피해자간 갈등을 해소하는 데 적극 기여할 수 있겠다는 전망도 가능하다. 즉 교통범죄에 관하여는 검찰 또는 법원 모두 교통범죄에 대한 형사사법절차의 진행단계에 따라, 피해자가 입은 피해를 실질적으로 회복하고 분쟁을 원만히 해결하는 데 필요하다면 당사자의 명백한 반대의견이 없는 경우에는 형사조정절차에 회부할 수 있도록 해야 한다. 더 나아가 교통범죄의 가해자와 피해자도 교통범죄의 형사사법처리절차의 각 진행단계에 따라 검사 또는 법원에 그 사건의 형사조정에의 회부를 요청할 수 있는 길도 열어놓아야 할 것으로 보인다. 이 같은 제도를 잘 활용하면 교통범죄 처리에 드는 공식적인 형사절차상의 업무부담도 줄일 수 있고, 가해자와 피해자의 화해를 기초로 한 사회적 통합 및 가해자의 재사회화와 피해자의 재사회화라는 적극적인 특별예방 목적도 실현할 수 있기 때문이다.

(다) 교통범죄의 간편처리절차 제도

교특법과 같은 특례를 인정하지 않는 이웃 일본은 교통사고의 법적 처리를 간소화하기 위해 특별서식제도를 시행하고 있다. 즉 일반적인 수사서류인 '기본서식' 외에 '특례서식'과 '간략특례서식'이라는 제도를 도입하여 사건의 경중에 따라 경찰의 교통범죄 수사와 검찰의 기소기준에 이를 활용하고 있다.

교통사고 발생시 작성되는 수사서류 서식은 일본 형사소송법 제193조에 정한 검찰관의 사법경찰관에 대한 일반적 지시권에 근거하여 1961년 일본 검찰총장의 명령으로 제정된 '사법경찰직원 기본서식례'에 따른 것이었다. 그런데 일본은 1975년 이후 교통사고가 급증했고, 교통범죄의 대량사법처리가 불가피한 사태를 맞이했다. 이에 대응하기 위하여 일본검찰은 자체적으로 자동차에 의한 업무상과실치상 사건의 '특례서식'을 제정하여 교통사고 피의사건의 송치서와 수사보고서를 한 장으로 묶는 등 작성서류의 간소화를 기했다.

하지만 이 같은 특례서식의 도입 이후에도 교통사고 급증으로 인한 일선 교통사고 수사업무의 부담가중이라는 문제점과 반면 경미한 교통사고에 대한 기소구형 기준의 조정 등 사회정세의 변화는 또다시 보다 간략한 서식의 도입을 불가피하게 만들었다. 특히 1987년 일본 도쿄 고등검찰청이 기소구형 기준을 조정함에 따라 그때까지 70%대였던 기소율이 1990년에는 30%대로 떨어지는 업무감경효과가 있었다. 이 같은 상황을 직시할 때, 기소되지 않은 사건에 대하여 경찰이 방대한 수사서류를 작성하여 검찰에 송치하던 관행은 수사의 경제성과 경찰력의 적정배분 면에서 문제점으로 지적되었다. 그리하여 종래 '특례서식' 적용사건 가운데 상해 2주 이하이면서 일정한 요건에 해당하는 교통범죄사건에 대하여는 보다 새로운 간편서식의 도입이 필요하다는 인식에 이르렀다.

이런 사정으로 일본은 1992년 '간략특례서식'이라는 새로운 서식을 도입했다. 이 '간략특례서식'은 도로교통에 의한 업무상과실치상 사건 가운데 피해자가 입은 상해의 정도(피해자 수인인 경우에는 가장 심한 상해 정도를 기준)가 2주 이하인 사건에만 적용된다. 그러나 도주한 피의자를 체포한 사건, 무면허운전 및 주취운전 등 중대한 교통법규 위반이 사고원인이 된 사건, 특히 횡단보도 부근의 보행자사고처럼 지방검찰청장이 지정한 제외사유에 해당하는 등 사안이 '간략특례서식'을 적용하기에 부적합한 경우에는 기존의 '기본서식' 또는 '특례서식'으로 송치하여야 한다.

상해의 정도가 2주 이하이면서 '간략특례서식'이 적용되지 않는 것으로 지방검찰청장이 지정한 제외사유는 대략 다음과 같다:

신호무시, 지정장소 일시부정지, 시속 30km 이상의 속도초과, 횡단보도부근의 보행자사고, 대형자동차에 의한 사고, 피해자가 다수인 경우, 제동장치 등 중요장치의 고장, 우측통행 및 추월, 정비불량차량에 의한 사고, 3년 이내 도로교통법위반 등의 전과가 있을 경우, 기타사유에 해당하는 경우에는 상해의 정도가 2주 이하인 사건도 '간략특례서식'이 아닌 기존의 '기본서식' 또는 '특례서식'으로 송치된다.[38]

교특법이 폐지된 후라도 상해결과가 2, 3주 이하에 해당하는 경우에는 합리적인 양형가이드라인은 물론 간편처리절차와 같은 신속처리절차가 필요해 보인다. 교특법과 같은 경직된 11개 항목보다 교통문화와 의식, 행태의 변화추세에 따라 그때그때마다 정책적 대안을 모색하는 일본의 교통범죄 형사정책은

38) 일본의 간편처리절차의 소개에 관하여는 민만기, 앞의 글, 37면 이하에서 인용한 것임.

우리의 교특법정책보다 훨씬 현대적이고 합리적으로 보인다. 사건폭주와 업무량증가를 염려하는 검·경 등 수사기관과 재판기관들은 그 난제를 풀어갈 합리적인 대안들을 고안할 수 있으리라 기대한다. "필요는 발명의 어머니"라는 격언은 법정책에도 그대로 타당해 보이기 때문이다.

(4) 형벌집행법정책의 측면에서 본 대안

교특법이 폐지되고 난 다음에도 교통문화와 의식은 하루아침에 일반형사법의 신호체계로 복귀할 수 있으리라 기대하기 어렵다. 근본적으로 교특법 없는 교통형법의 틀 안에서 새로운 교통문화와 의식을 제고하고 삶의 질이 높은 길거리문화로 나가려면 빈발하는 교통과실범의 재범화와 누범화·상습화도 정책가들이 주목해야 할 대목이다.

우선 교특법의 폐지로 길거리 도로교통에서 긴장감은 더해지리라 예상된다. 그와 같은 긴장감은 어느 나라, 어느 시대에나 교통의식의 기본이기도 하다. 문제는 교통범죄의 가해자와 피해자 모두가 범죄문제로 인한 심리적·정신적인 후유증을 앓게 마련이고, 그것은 바로 적절한 시기, 적절한 방법으로 치유되지 않으면, 또다른 악순환의 연쇄가 될 수 있다.

따라서 먼저 사회내처우의 관점에서건 시설내처우의 관점에서건, 가해자 또는 피해자, 가해자와 피해자의 심리치료 또는 집단심리치료프로그램이 개발·투입될 필요가 있다. 그곳에서 적성을 점검하고, 안전운행교육과 재활프로그램을 위주로 한 교정정책을 보다 더 효과적으로 시행할 수 있을 것으로 사료되기 때문이다.

이웃 일본은 이미 1980년대부터 이 같은 교통사범전용교도소를 운영해오고 있고, 그 형사정책적 효과는 긍정적으로 평가되고 있다는 점을 타산지석으로 삼아도 좋을 것이다.

교통범죄 누범자 및 상습자 그리고 이에 준하는 교통사고 다발자들에게는 보안처분의 일종으로 운전면허박탈과 같은 제도를 도입하여 적용할 필요가 있다. 한편 교통범죄는 업무상과실치사상의 범주를 벗어날 수 없으므로 그에 대한 형사제재는 주로 벌금형이 될 것이다. 벌금형의 일반예방효과를 높이려면 현재와 같은 정액벌금제보다 소득의 일정 한도안에서 365일 이내의 특정한 일수를 곱하여 구체적인 벌금액수를 산정하는 일수벌금제(dayfine system)를 도입하는 것이 급선무다. 서구 여러 나라의 형법은 이들 제도를 일찍부터 시행해 오고 있다.

결국 합리적인 형사정책·법정책적 관점에서 국민들은 형벌위협과 유죄판결에 대한 확실한 인식을 가져야 한다는 점과 형벌위협과 형집행을 통해서 범죄의 편향성을 띤 사람들에게 새로운 동기를 부여할 수 있어야 한다는 점은 교통범죄와 그에 대한 대응책에서도 반드시 유념해야 할 명제이다.

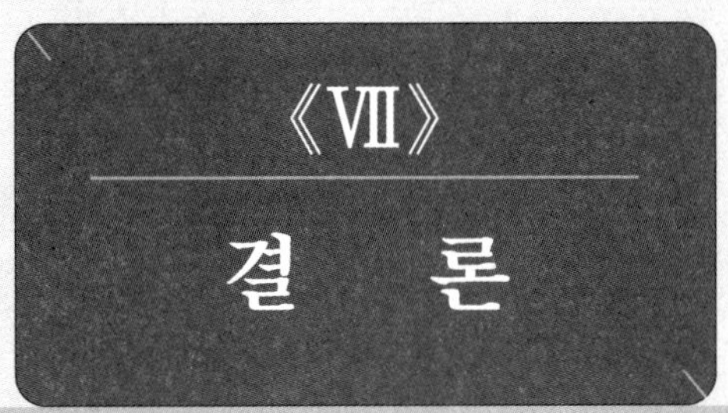

필자는 이 책에서 교특법의 문제점을 법이론적·법정책적 관점에서 부각시키기 위해 아직까지도 형법학에서 의붓자식처럼 취급되어 온 피해자학의 관점을 끌어들여 전통적인 법이론, 범죄론, 형벌론의 의미를 새롭게 재구성하는 데 많은 지면을 할애했다. 그리고 일관되게 교특법 전면폐지론의 입장을 유지하기 위해 노력했다. 법이론적·법정책적 관점에서 교특법의 전면폐지가 바람직하다는 것이 필자의 꽤나 오래된 논지이기도 한 때문이다.[1] 그리고 그 시기는 이르면 이를수록 좋다고 생각한다.

그런데 교특법이 폐지되면 일반인들은 그저 소박하게 교통범죄 전과자 양산, 사법업무의 획기적 증대, 자동차 내수시장 위축, 자동차보험업의 불안정과 같은 현실적 문제들이 봇물 터지듯 터질 것이라는 위기감을 갖기 쉽다. 당장 버스운전자, 화물차운전자, 택시운전자 연대기구들은 말할 것도 없이, 일반승용차를 운전하는 가정주부조차 불안감을 더 가지게 될 것은 충

1) 김일수 외 3인, 교특법 개선방안 연구, 2004, 91면 이하.

분히 예상되는 대목이다. 하지만 그것은 일시적인 금단현상에 지나지 않을 것으로 예상된다. 합리적인 형법정책이나 사법업무 종사자들의 합리적인 형사정책을 통해 서서히 근본적인 교통체질·교통안전의식의 변화가 일어날 것이며, 더불어 일상생활의 안정을 곧 되찾을 수 있을 것으로 기대된다.

이미 한국법에서 교특법의 폐지를 위한 이론적·실무적인 많은 연구가 누적되어 왔다. 그 준비는 아직 충분조건에는 미달할지 모르지만, 필요조건에는 도달한 상태이다. 교특법 전면폐지 후의 혼란을 최소화할 수 있는 구체적인 법제도로서, 유독 이에 대응하기 위한 것은 아닐지라도, 이미 성공적으로 시행되어 정착단계에 접어든 형사조정제도, 현재 시행중인 형사사법통합정보시스템(KICS),[2] 현재 한창 진행중인 형법개정 및 형사소송법 개정작업 등을 눈여겨 볼 필요가 있다.

전통적으로 범죄란 실질적 의미에서 사회유해적인 법익위해행위이고, 형벌이란 그것을 진압·통제하기 위한 국가권력작용이었다. 범죄와 형벌을 단지 범인과 국가의 관점에서만 바라보면 고의범과 과실범은 질적으로 다른 그 무엇(aliud)이다. 따라서 불법비난과 책임비난에서 양자를 질적으로 다르게 차등 취급하는 것은 법치국가형법원리의 빼놓을 수 없는 요체이다(책임원칙의 정신). 그러나 피해자 관점을 여기에 끌어들여 거기에 비추어 보면 양자 사이의 질적 차이는 본질적인 것이 아니라 정도의

2) 2010. 5. 1. 시행에 들어간 「형사사법절차 전자화 촉진법」과 「약식절차에서의 전자문서이용 등에 관한 법률」에 의거 법무부 산하에 형사사법통합정보체계추진단이 설립되었다. 앞으로 약식사건 및 경미한 형사사건은 전자문서시스템에 의해 종래 약 3개월이 소요되던 처리기간을 14일 이내로 단축하여 신속처리할 수 있는 길이 열린다.

차이(more or less)에 지나지 않는다는 것이다. 그 후유증과 영적·정신적 아픔도 양자 사이에 별 차이가 없기 때문이다.

이 책에서 필자는 전통형법의 인습이 되어 버린 범죄 및 형벌 개념을 재구성하기 위해, 여러 측면에서 그리고 여러 가지 이론적 근거를 들어가면서 그 해체를 시도해 보았다. 물론 전통적인 관념대로 범죄를 법익위해(法益危害)로 본다 하더라도, 법익에 관한 전인격적인 이해를 더 보탤 필요를 느낀다. 법익은 원래 인간의 정신적 가치, 인격의 윤리적인 자기발전과 자기보존을 기초로 삼고, 그 위에 생명, 건강, 자유, 명예, 재산 등과 같은 법가치를 덧입은 것이다. 종래의 법익론은 사실 법익론의 이 근본적인 공통분모를 괄호 속에 묻어둔 채 천착하지 않은 흠이 있었다. 최근 인적 법익론은 이 잃어버린 고리의 불씨를 되살릴 착안점을 갖고 있었으나,[3] 형법정책적인 방향설정과 추상적인 논의에 그쳤을 뿐, 이를 구체화하여 형법사고의 기본 틀을 바로잡는 데까지는 나가지 못했다.

이미 18~19세기의 칸트(Kant), 헤겔(Hegel) 및 예링(von Jhering)의 법사상 가운데서 필자는 오늘날 피해자학의 관점으로 연계되는 일련의 권리사상 내지 의무사상의 맥락을 짚을 수 있었고, 또한 그 속에서 인격적 법익사상의 광맥을 찾을 수 있었다. 물론 그것은 앞으로 남은 독립된 연구과제 중 하나임에 틀림없다.

그렇다면 범죄를 법익위해라고 하더라도 그 위해가 발생했

---

3) Marx, Zur Definition des Begriffs >Rechtsgut<, 1972, S.40, 62f. ; 하쎄머, 형법정책(배종대·이상돈 편역), 1998, 339면 이하; 김창균, 「인격적 법익론」, 법치국가와 형법(심재우선생 정년기념논문집), 1998, 83면 이하 참조.

을 경우, 이에 대한 공적 불승인 없이 절차를 종료시키려는 교특법 제4조 제1항과 같은 특례조치는 피해자의 법감정에 대한 깊은 손상, 피해자의 트라우마에 대한 사회화 노력을 전혀 고려하지 않은 아주 대표적인 포퓰리즘 입법례이다. 이 같은 피해자군들의 집단화를 방치하고, 범죄피해자도 현대사법의 대화마당의 주체이기를 거절한다면, 사회심리학적 측면에서 피해자들의 집단탈주, 그들의 사회에 대한 트라우마의 전가, 즉 새로운 범죄자군으로의 전락가능성은 우리의 소박한 예상치보다 훨씬 높아질 것이라는 점을 유념해야 한다.[4]

그러므로 범죄를 가해자와 피해자의 갈등문제로 바라보고, 그 갈등해소를 위한 형사사법의 기능으로 일시 사고를 전환하면 교특법의 문제점이 확실히 보이고 또한 그 폐지가 필요한 시점이라는 점도 공감할 수 있을 것이다. 갈등해소를 위한 공적인 제도는 피해자참가의 문호를 활짝 열어둔 대화마당적 형사재판구조로의 재건축을 필요로 한다.[5] 여기에서 가해자와 피해자의 갈등해소를 위한 공식적·비공식적인 길이 더 크게 열릴 수 있기 때문이다. 만약 비공식적인 화해의 결과를 법정 외에서 낳는다면, 또한 이를 공식적인 갈등해소의 대화마당으로 수용하여 공적으로 매듭지어주는 절차도 필요하다. 이를 통해 사회심리적으로 회복적이고 치유적인 형사사법의 이념이 실현될 수 있을 것으로 기대한다.

---

4) 고병권, 추방과 탈주, 2009, 41면 이하; 윤재왕, 「포섭/배제 — 새로운 법개념? : 아감벤 읽기 I」, 고려법학 제56호, 2010, 261면 이하 참조.

5) 대화마당적 형사재판구조에 관하여는 김일수, 수사체계와 검찰문화의 새 지평, 2010, 277면 이하; 변종필, 「형사소송법의 이념과 기본원칙」, 법치국가와 형법(심재우선생 정년기념논집), 1998, 426면 이하 참조.

이런 시각에 비추어 볼 때, 교특법 제4조 제1항 공소권 원천봉쇄 조치는 전면폐지가 불가피해 보인다. 더더욱 교특법 제정 이후 지난 30년간 이 법률이 양산했던 나쁜 사회적 학습효과를 심각하게 감안한다면, 형법정책적으로 이 법률을 통째로 청산하여 역사의 뒤안길로 보내는 것이 좋고, 그 시기도 이르면 이를수록 좋다는 생각이다. 법질서와 법개념에서 신호체계의 자연스러운 흐름을 위해서이다.

마침 지난 3년여 간 이어온 법무부의 형법개정작업이 현재까지도 계속 진행 중에 있다. 이러한 사정을 감안할 때, 입법자들은 차제에 가해자와 피해자의 갈등해소를 위해 이미 선진 각국에서 활용하고 있는 새로운 형사정책적 제도들, 다시 말해서 범죄피해자의 형사재판절차참가제도, 피해자와 가해자의 화해 및 원상회복제도, 형사조정제도 그리고 그 밖의 다양한 다이버전 프로그램을 형법 및 형사소송법 속에 끌어들여 적극적으로 제도화할 필요가 있다. 이 글에서 밝힌 그 밖의 제도들까지도 함께 고려에 넣는다면, 아마도 교특법 제3조 제2항 본문 속에 들어 있는 개념혼동적인 반의사불벌죄 조치는 말할 것도 없이, 교특법 제4조 제1항 속에 들어 있는 리걸 포퓰리즘(legal populism)적인 공소권 원천봉쇄 조치를 대체하고도 그를 훨씬 능가하는 사회통합예방목적을 실현할 수 있을 것으로 기대한다.

비유적으로 말하자면 교특법은 정상적인 교통안전문화의 발전과 흐름을 저해하는 녹슨 낡은 교통수단에 불과하다. 만성적인 정체원인이 된 이 참을 수 없는 가벼움의 교특법을 어서 속히 폐지하여 원활한 교통흐름을 되찾는 것이 이 시대 우리들의 법정책적 과제이다.

▍참고문헌▍

1. 국내 단행본

강구진, 주석형법 각칙(上), 한국사법행정학회, 1982.
강구진, 형법강의(각론 I), 박영사, 1983.
고병권, 추방과 탈주: 대중의 흐름 · 지식의 운명 · 운동의 선언, 그린비, 2009.
권문택, 형법학연구, 박영사, 1983.
김일수, 바람직한 양형조사 주체 및 조사방식에 관한 연구, 대검찰청용역과제, 2009.
김일수, 법은 강물처럼, 고시계사, 2002.
김일수, 법 · 인간 · 인권(제3판), 박영사, 1996.
김일수, 수사체계와 검찰문화의 새 지평, 세창출판사, 2010.
김일수, 한국형법 I , 박영사, 1992.
김일수, 한국형법 II, 박영사, 1993.
김일수, 한국형법 III, 박영사, 1994.
김일수 · 서보학, 형법총론(제11판), 박영사, 2006.
김종원, 형법각론(上), 법문사, 1973.
박세일, 법경제학(개정판), 박영사, 2000.
법무연수원, 범죄백서, 1989.
법무연수원, 범죄백서, 1991.
법무연수원, 범죄백서, 1994.
서일교, 형법각론, 박영사, 1982.
손기식, 교통형법, 고시계사, 1986.
신현주, 형사소송법, 박영사, 2002.
안성수, 형사소송법, 박영사, 2009.
오영근 / 안경옥, 형사특별법의 제정실태와 개선방안, 한국형사정책

연구원, 1996.
유기천, 형법학: 각론강의(상), 1982.
이재상, 형법각론, 박영사, 2002.
이진국, 형사입법자의 형벌법규제정권한의 한계에 관한 연구, 한국형사정책연구원, 2003.
이호중, 재판과정에서의 범죄피해자 권리보호방안 연구, 대검찰청 용역과제, 2008.
정성근, 형법각론, 삼지원, 2002.
정영석, 형법각론, 법문사, 1995.
황산덕, 형법각론, 방문사, 1992.

2. 학술논문 및 학술대회 자료집

경제・인문사회연구회, 제3회 국정과제 공동세미나 자료집, 2010. 4. 28
고비환, 「형사조정제도의 문제점과 개선방향」, 고려대석사학위논문, 2010.
교통안전공단, 녹색교통안전 시책추진을 위한 정책토론회, 2009. 10. 27.
국회교통안전포럼, 교특법 개선방안, 2009. 4. 22.
국회사무처, 내무위 회의록 제21호.
국회사무처, 법사위 회의록 제16호.
김영기, 「피해자의 공판절차참가 도입방안 연구」, 정성진박사 고희기념 논문집, 2010.
김일수, 「검사의 소송법상 지위」, 고시연구 제131호, 1985. 2.
김일수, 「교통사고처리특례법 제4조 등의 위헌여부」, 두성사, 형법연습, 1997.
김일수, 「법원의 소송법상 지위」, 고시연구 제143호, 1986. 2.

김일수, 「변호인은 사법기관인가?」, 고시연구 제119호, 1984. 2.
김일수, 「사기죄에 있어서 피해자의 역할과 형사정책적 예방의 관점」, 형사정책 제5호, 1990.
김일수, 「성폭력범죄 — 체계적 자리매김과 형사정책적 과제」, 보호관찰 제8권, 2008.
김일수, 「피고인의 소송법상 지위」, 고시연구 제124호, 1984. 7.
김일수, 「형사상 원상회복제도의 형사정책적 기능과 효용에 관한 연구」, 성곡논총 제21집, 1990.
김일수 외 3인 공동연구, 「교특법 개선방안 연구」, 녹색교통운동, 2004. 10.
김창군, 「인격적 법익론」, 법치국가와 형법(심재우선생 정년기념논문집), 1998.
민만기, 「헌재 위헌결정에 따른 교특법 개선방안」, 국회교통안전포럼 자료집, 2009. 4. 22.
법무법인(유) 태평양, 「교통사고처리특례법 개선방안에 대한 검토」, 2008. 8.
변종필, 「형사소송법의 이념과 기본원칙」, 법치국가와 형법(심재우선생 정년기념논집), 1998.
송길룡, 「형사조정제도의 새로운 이해」, 법조 제608호, 2007
윤재왕, 「포섭/배제 — 새로운 법개념? : 아감벤 읽기 I」, 고려법학 제56호, 2010.
이상돈, 「형사소송에서 항소심과 상고심의 공판형태」, 안암법학 제1집, 1993.
이진국, 「독일형법의 제재체계상 상징적 원상회복」, 비교형사법연구 제2권, 2000.
이호중, 「형법상의 원상회복」, 형사법연구 제12호, 1999.
정승환, 「폐지주의의 형사정책적 의미」, 고려법학 제55권, 2010.
조균석, 「회복적 사법과 관련한 최근의 실무동향」, 정성진박사 고희기념논문집, 2010.
조병선, 「우리나라 형사소송구조의 분석과 비교형사소송의 방법론」, 한국형사소송법학회 제7회 발표회 자료집, 2009. 12.
하태훈, 「범죄피해자의 형사절차상의 지위와 권리」, 안암법학 제1집, 1993.

3. 번역서

하쎄머(Hassemer), 형법정책(배종대 · 이상돈 편역), 1998.
하인쯔 찌프(Zipf), 형사정책(김영환 외 2인 번역), 1993.
해롤드 버만(Berman), 종교와 제도(김철 역), 1992.
폰 예링(Von Jhreng), 권리를 위한 투쟁(심재우 역), 1977.

4. 회의록 및 통계자료

국토해양부 홈페이지(www.mltm.go.kr) 통계자료
국회사무처, 내무위 회의록 제21호
국회사무처, 법사위 회의록 제16호
도로교통공단(www.rota.or.kr) 통계자료
법제처, 국가법령정보센터 교특법 제정이유
손해보험협회 통계자료

5. 외국문헌

Albrecht, Strafrechtsverfremdende Schattenjustiz. Zehn Thesen zum Täter-Opfer-Ausgleich, FS-Schüler-Springorum zum 65. Geburtstag, 1993.
Amelung, Rechtfsgüterschutz und Schutz der Gesellschaft, 1972.

Armin Kaufmann, Strafrechtsdogmatik zwischen Sein und Wert, 1982.

Arth. Kaufmann, Subsidiaritätsprinzip und Strafrecht, in: Henkel-Festschrift, 1974.

Baratta, Integration-Prävention, KJ, 1984.

Barnett, Restitution: A New Paradigm of Criminal Justice, in: Ethics, Vol. 87, 1977.

Beste, Schadenswiedergutmachung - ein Fall für zwei?, in : KJ, 1986.

Binding, Die Normen und ihre Übertretung, 1.Bd., 3. Aufl. 1916.

Calliess, Theorie der Strafe im demokratischen und sozialen Rechtsstaat, 1974.

Cristie, Conflicts as Property, in: British Journal of Criminology 17, 1977.

Cristie, Limits to Pain, 1982.

Dagtoglou, Ersatzpflicht des Staates bei legislativen Unrecht?, 1963.

Emmins, A practical approach to criminal procedure, 1981.

Eb. Schmidt, Geschichte der Deutschen Strafrechtspflege, 3. Aufl., 1965.

Feuerbach, Lehrbuch des gemeinen in Deutschland gültgen peinlichen Rechts, 11. Aufl. 1832.

Frehsee, Schadenswiedergutmachung als Instrument strafrechtlicher Sozialkontrolle, 1987.

Freund, Strafrecht AT, 1998.

Frühauf, Wiedergutmachung zwischen Täter und Opfer: Eine neue Alternative in der strafrechtlichen Sanktionspraxis, 1988.

Gallaway, Restitution as integrative Punishment, in: Barmett/Hegel III (eds.), Assessing the Criminal, 1977.

G. Kaiser, Verkehrsdelinquenz und Generalprävention, 1970.

Haffke, Tiefenpsychologie und Generalprävention, 1976.

Haft, Der Schulddialog, 1978.

Hassemer, Einführung in die Grundlagen des Strafrechts, 1981.

Hellmer, Sozialisation, Personalisation und Kriminalität, in: Wurzbacher (Hrsg.), Sozialisation und Personalisation, 3. Aufl. 1977.

Hellmuth Mayer, Das Strafrecht des Deutschen Volkes, 1936.

Hulsman/Bernat de Celis, Peines Perdues, 1982.

Il-Su Kim, 「Das Liebesstrafrecht hinterem Berge des Feindstrafrechts」, 고려법학 제49호, 2007.

Il-Su Kim, Die Bedeutung der Menschenwürde im Strafrecht, 1983.

Il-Su Kim, 「Punitivistische Grundtendenzen der gegenwärtigen Kriminal- politik?」, 고려법학 제56호, 2010.

Jung, Zur Rechtsstellung des Verletzten im Strafverfahren,: JR, 1984.

Jakobs, Staatliche Strafe: Bedeutung und Zweck, 2004.

Jakobs, Strafrecht AT, 3. Aufl. 1983.

Jakobs, Zur gegenwärtigen Straftheorie, in: Kodalle (Hrsg.), Strafe muss sein! Muss Strafe sein?, 1998.

Koch, Jenseits der Strafe, 1988.

Lampe, Das personale Unrecht, 1967.

Lenckner, Der Strafprozess im Dienst der Resozialisierung, JuS, 1983.

Luhmann, Funktionale Methode und Systemtheorie, Soziale Welt 15, 1964.

Luhmann, Rechtssoziologie, Bd. 1, 1972.

Luhmann, Soziologie als Theorie sozialer Systeme, 1967.

Maihofer(Hrsg.), Begriff und Wesen des Rechts, Vorwort XXVI., 1973.

Maiwald, GA, 1974.

Marx, Zur Definition des Begriffs >Rechtsgut<, 1972.

Maurach, Deutsches Strafrect, 4. Aufl. 1971.

Maurach, Heinitz-FS, 1972.

M.E. Mayer, AT des deutschen Strafrechts, 2. Aufl. 1923.

Mir Puig, 「Rechtsgüterschutz durch dialogisches Strafrecht」, GA, 2006.

Müller Dietz, Täter-Opfer-Ausgleich im Strafprozess aus der Sicht des Strafrichters, in : Katholische Akademie Trier(Hrsg.), Straffälligkeit und Wiedergutmachung, 1980.

Neumann, Die Stellung des Opfers in Strafrecht, in : Hassemer (Hrsg.), Strafrechtspolitik, 1987.

Noll, Die ethische Begründung der Strafe, 1962.

Parsons, The Social System, 2nd Printing, 1952.

Plack, Plädoyer für die Abschaffung des Strafrechts, 1974.

Reemtsma, Das Recht des Opfers auf die Bestrafung des Täters-als Problem, 1999.

Riedesser, Lehrbuch der Psychotraumatologie, 1998.

Rössner, Wiedergutmachung statt übervergelten, in: Marks / Rössner (Hrsg.), Täter-Opfer-Ausgleich. Vom zwischenmenschlichen Weg zur Wiederherstellung des Rechtsfriedens, 1989.

Roxin, Die Wiedergutmachung in System der Strafzwecke, in : Schöch (Hrsg.), Wiedergutmachung und Strafrecht, 1987.

Roxin, Strafrecht AT / Ⅰ, 1992.

Roxin, Zur Entwicklung der Kriminalpolitik seit dem AE, in: JA, 1980.

Roxin, Zur jüngsten Diskussion über Schuld, Prävention und Verantwortlichkeit im Strafrecht, in : Bockelmann-FS, 1979.

Sax, Grundsätze der Strafrechtspflege, in: Die Grundrechte, Bd. Ⅲ / 2., 1959.

Schön, Strafrecht zwischen Freien und Gleichen im demokratischen Rechtsstaat, Maihofer-FS, 1988.

Schön(Hrsg.), Wiedergutmachung und Strafrecht, 1987.

Schumann, Positive Generalprävention, 1989.

Seelmann, JuS, 1979.

Seelmann, Strafzwecke und Wiedergutmachung, in: Katholische Akademie Trier(Hrsg.), Straffälligkeit und Wiedergutmachung, 1980.

Sessar, "Über das Opfer. Eine viktimologische Zwischenbilanz," in: Jescheck-Festschrift, Bd. 2, 1985.

Stratenwerth, "Zur Relevanz des Erfolgsunwertes im Strafrecht," in: Schaffstein-Festschrift, 1975.

Tenckhoft, ZStW 88, 1976. Volk, GA, 1976.

Triffterer, Strafrecht AT., 1994.

Welzel., Aktuelle Strafrechtsprobleme im Rahmen der finalen Handlungslehre, 1953.

Welzel, Das Deutsche Strafrecht, 11. Aufl., 1969.

Wessels, Strafrecht AT., 1989.

Würtenberger, Die geistige Situation der deutschen Strafrechtswissenschaft, 2. Aufl., 1969.

Volk, GA, 1976.

찾아보기

ㅍ

ㅎ

❚ 저자 약력 ❚

고려대학교 법과대학 졸업
사법연수원 제2기 수료 · 변호사
독일 München 대학 법학박사
Alexander von Humboldt 재단 연구지원금 수령
서암학술재단 해외연구지원금 수령
미국 Harvard University Law School Visiting Scholar
검찰 개혁 자문위원장
검 · 경 수사권 조정위원장
법무부 정책위원회 위원장
현재 고려대학교 법학전문대학원 교수
중국 우한대학 법학원 겸직교수
법무부 형사법 개정 및 형사소송법 개정 위원
국가경찰위원회 위원장
총체적 형법학 잡지(ZStW) 편집자문위원

❚ 저서 및 역서 ❚

『한국형법 Ⅰ · Ⅱ · Ⅲ · Ⅳ』
『새로 쓴 형법총론』(2008년 중국어판도 출간)
『형법각론』
『법 · 인간 · 인권』
『사랑과 희망의 법』
『개혁과 민주주의』
C. Roxin, 『형사정책과 형법체계』(역서)
N. Brieskorn, 『법철학』(역서)
『수사체계와 검찰문화의 새 지평』

범죄피해자론과 형법정책
— 어느 실정법의 안락사 —

2010년 10 월 20일 초판 인쇄
2010년 10 월 25일 초판 발행

저 자 김 일 수
발행인 이 방 원
발행처 세창출판사

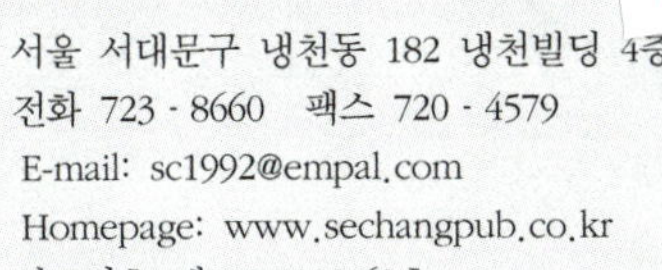

서울 서대문구 냉천동 182 냉천빌딩 4층
전화 723 - 8660 팩스 720 - 4579
E-mail: sc1992@empal.com
Homepage: www.sechangpub.co.kr
신고번호 제300-1990-63호

정가 22,000 원

ISBN 978-89-8411-319-0 93360